UTB 3027

Eine Arbeitsgemeinschaft der Verlage

Böhlau Verlag · Köln · Weimar · Wien
Verlag Barbara Budrich · Opladen · Farmington Hills
facultas.wuv · Wien
Wilhelm Fink · München
A. Francke Verlag · Tübingen und Basel
Haupt Verlag · Bern · Stuttgart · Wien
Julius Klinkhardt Verlagsbuchhandlung · Bad Heilbrunn
Lucius & Lucius Verlagsgesellschaft · Stuttgart
Mohr Siebeck · Tübingen
C. F. Müller Verlag · Heidelberg
Orell Füssli Verlag · Zürich
Verlag Recht und Wirtschaft · Frankfurt am Main
Ernst Reinhardt Verlag · München · Basel
Ferdinand Schöningh · Paderborn · München · Wien · Zürich
Eugen Ulmer Verlag · Stuttgart
UVK Verlagsgesellschaft · Konstanz
Vandenhoeck & Ruprecht · Göttingen
vdf Hochschulverlag AG an der ETH Zürich

Franzis Preckel, Matthias Brüll

Intelligenztests

Ernst Reinhardt Verlag München Basel

Prof. Dr. *Franzis Preckel* lehrt an der Universität Trier und leitet die Abteilung für Hochbegabtenforschung und -förderung.
Dipl.-Psych. *Matthias Brüll* ist Wissenschaftlicher Mitarbeiter in dieser Abteilung.

Lektorat / Redaktion im Auftrag des Ernst Reinhardt Verlages: Ulrike Auras, München

Bibliografische Information der Deutschen Nationalbibliothek

Die Deutsche Nationalbibliothek verzeichnet diese Publikation in der Deutschen Nationalbibliografie; detaillierte bibliografische Daten sind im Internet über <http://dnb.d-nb.de> abrufbar.

UTB-ISBN 978-3-8252-3027-2
ISBN 978-3-497-2027-0

Reihenkonzept und Umschlagentwurf: Alexandra Brand
Umschlagumsetzung: Atelier Reichert, Stuttgart
Satz: Arnold & Domnick, Leipzig
Druck: Friedrich Pustet, Regensburg
Printed in Germany

ISBN 978-3-8252-3027-2 (UTB-Bestellnummer)

Ernst Reinhardt Verlag, Kemnatenstr. 46, D-80639 München
Net: www.reinhardt-verlag.de E-Mail: info@reinhardt-verlag.de

Inhalt

Einleitung

Für viele Lebensbereiche, insbesondere für Ausbildung und Beruf, gilt Intelligenz als Schlüsselmerkmal für Erfolg. Entsprechend lebendig ist die Forschung zu diesem Thema (Intelligenz ist das in der Psychologie am besten untersuchte Persönlichkeitsmerkmal!). Und auch das öffentliche Interesse ist groß. Man denke hier beispielsweise an die Einschaltquoten zu Fernsehsendungen, in denen sogenannte IQ-Tests durchgeführt werden. Doch erhält man hierbei wirklich einen ernstzunehmenden Messwert der Intelligenz – einen sogenannten Intelligenzquotienten (IQ)? Nach der Lektüre dieses Buches wird klar sein, dass solche Fernsehtests nicht als seriöse IQ-Tests anzusehen sind.

In diesem Buch geht es explizit um die Messung der Intelligenz mittels Tests; diese Herangehensweise wird auch als psychometrischer Ansatz bezeichnet. Der psychometrische Ansatz ist in der Differentiellen Psychologie verortet, welche sich mit Unterschieden zwischen Personen beschäftigt. Die Erforschung von Unterschieden zwischen Menschen, insbesondere wenn es um ein in der Regel wertgeschätztes Merkmal wie das der Intelligenz geht, ist ein brisantes, aber nicht neues Thema: Erste Ansätze der Intelligenzmessung wurden bereits im antiken China in der Han-Dynastie dokumentiert. Eine differentielle Sicht auf die Intelligenz spiegelt sich zudem in unserem Alltagsverständnis wider. Wenn wir zum Beispiel sagen „Theo ist ein schlauer Kerl", dann impliziert dies bereits einen interindividuellen Vergleich. Wir glauben, dass Menschen sich in ihrer Intelligenz unterscheiden, auch wenn es uns schwer fällt, genau zu spezifizieren, was diese Unterschiede ausmacht und wie diese zu erfassen sein sollen. Und genau dieser Punkt, die Natur oder die Art der Unterschiede zu beschreiben, zu erklären und messbar zu machen, ist Aufgabe der Wissenschaft.

Im ersten Kapitel dieses Buches werden wir uns daher an den Intelligenzbegriff aus einer wissenschaftlichen Perspektive annähern. Es schafft zudem mit Ausführungen zur Anlage / Umwelt-Debatte, zu Fragen der Intelligenzentwicklung und zu Geschlechterunterschieden in der Intelligenz die Voraussetzungen dafür, dass die Leserin und der Leser einordnen können, was IQ-Tests überhaupt leisten können und was eben auch nicht. Das zweite Kapitel vermittelt dann wichtige Grundlagen zum Thema Tests, bevor es im dritten Kapitel spezifisch um den IQ und Intelligenztests geht. Eine Auswahl aktueller Verfahren wird im vierten Kapitel vorgestellt. Das letzte Kapitel schließlich dokumentiert ein Anwendungsbeispiel. Hier wird anhand eines konkreten Falls aus der Praxis aufgezeigt, welche Fragen beim Einsatz von Intelligenztests auftreten können und wie mit ihnen zu verfahren ist.

An dieser Stelle kann auch schon vorweggenommen werden, dass das Thema Intelligenz und dessen Messung nicht nur für viele Berufsgruppen (z. B. Psychologinnen und Psychologen, Lehrkräfte oder Pädagoginnen und Pädagogen) höchst relevant ist, sondern auch schon für Studentinnen und Studenten. Studierende der Psychologie und wahrscheinlich auch der Bildungswissenschaften begegnen den Themen, die in diesem Buch angesprochen werden, in ihrem Studium mit Sicherheit. Aber auch für Studierende anderer Fächer können die Inhalte dieses Buches höchst relevant und interessant werden. Man bedenke hier zum Beispiel, dass manche Universitäten in Zeiten von Studiengebühren ernsthaft überlegen, Studienstipendien auf der Basis von Intelligenztestergebnissen zu vergeben.

Bevor wir nun jedoch ins Thema einsteigen, möchten wir uns an dieser Stelle herzlich bei Frau Dipl.-Psych. Tanja Gabriele Baudson und bei Frau Dipl.-Psych. Sonja Valerius für ihre Unterstützung bei der Erstellung des Abschnitts „Geschlechterunterschiede" und des vierten Kapitels bedanken. Auch danken wir den Studierenden aus unseren Seminaren im Wintersemester 2006 / 07 für Anregungen zum Inhalt dieses Buches sowie Frau Nordstrand und Herrn Saretzki für Anmerkungen zum Manuskript. Unser Dank gilt zudem Frau Heike Beewen für ihre Hilfe bei der Manuskripterstellung.

Franzis Preckel, Matthias Brüll
Trier, im Mai 2008

Intelligenz – Theorien sowie differential- und entwicklungspsychologische Aspekte

1

Auf die einfache Frage „Was ist Intelligenz?" (lat. intellectus: Erkenntnis, Einsicht) wird man heute wohl mehr Antworten als je zuvor erhalten (Stern / Guthke 2001). Hier ein paar Beispiele:

> **Definition**
>
> **Intelligenz ist …**
> **… das Ensemble von Fähigkeiten, das den innerhalb einer bestimmten Kultur Erfolgreichen gemeinsam ist (Hofstätter 1957)**
> **… die Fähigkeit zur Erfassung und Herstellung von Bedeutungen, Beziehungen und Sinnzusammenhängen (Wenzl 1957)**
> **… die personale Fähigkeit, sich unter zweckmäßiger Verfügung über Denkmittel auf neue Forderungen einzustellen (Stern 1950)**

Worin liegt diese Definitionsvielfalt begründet? Verantwortlich dafür sind einige Besonderheiten des Intelligenzbegriffs: Zunächst einmal ist Intelligenz ein Konstrukt, also ein theoretischer Begriff. Zudem wird Intelligenz auch als Disposition verstanden, als Persönlichkeitsmerkmal, in dem sich Personen voneinander unterscheiden. Dispositionen werden als Tendenz eines Individuums umschrieben, unter bestimmten Bedingungen (Situationen) ein bestimmtes Verhalten zu zeigen. Diese Tendenz ist natürlich nicht direkt beobachtbar – beobachtbar ist nur das Verhalten einer Person in bestimmten Situationen.
Die Intelligenz einer Person kann und muss daher aus dem Verhalten der Person in bestimmten Situationen erschlossen werden. In der Regel betrachtet man hier Leistungssituationen, also solche Situationen, zu denen Kriterien für erfolgreiches Handeln definiert werden können. Es gibt eine Vielzahl an möglichen Leistungssituationen und es kann nicht abschließend festgelegt werden, welche davon für intelligentes Verhal-

ten relevant sind und welche nicht. Daher ist Intelligenz ein offenes Konstrukt, das ständig weiterentwickelt wird.

> Kernaussage

Intelligenz kann somit nicht durch Einzeldefinitionen beschrieben und auch nicht durch einen „Einheitstest" erfasst werden.

Wie schaffen es nun Persönlichkeitspsychologen, trotz dieser Offenheit des Intelligenzbegriffs über Intelligenz zu sprechen? Wie wird die Bedeutung von Intelligenz festgelegt? Dies geschieht durch sogenannte Zuordnungsregeln (Brocke / Beauducel 2001). Das Besondere an Zuordnungsregeln ist, dass die Zuordnung eines bestimmten Verhaltens zu einem Persönlichkeitsmerkmal immer nur für eine bestimmte Situationsklasse vorgenommen wird – für andere Situationsklassen können dann weitere Zuordnungsregeln eingeführt werden. So werden offene Konstrukte immer leistungsfähiger und breiter.

Hierfür ein Beispiel aus der Geschichte der Intelligenztestung: Am Anfang der wissenschaftlichen Erforschung der Intelligenz hat man vorwiegend Reaktionszeiten und die Wahrnehmungsfähigkeit als Situationsklasse verwendet, um eine Abschätzung der Intelligenz vorzunehmen (siehe auch in Kapitel 3 den Abschnitt „Geschichte der Intelligenzmessung"). Dies wurde dann später kritisiert und einige Forscher forderten, als Indikator für Intelligenz komplexere Aufgabenstellungen zu verwenden, beispielsweise zum logischen Denken oder Sprachverständnis. Heute weiß man, dass sowohl einfache Aufgaben zu Reaktionszeiten oder zur Wahrnehmungsfähigkeit als auch komplexeres Aufgabenmaterial Intelligenzschätzungen erlauben, aber eben unterschiedliche Aspekte des Intelligenzkonstruktes erfassen.

Liegen nun solche unterschiedlichen Situationsklassen vor, kann man sie durch theoretische Aussagen miteinander verbinden. So entstehen Intelligenztheorien:

„... die einzelnen Ansätze [stellen damit] verschiedene Perspektiven der Betrachtung dar, mit jeweils eigenständiger Wertigkeit von Theorien, Methoden und Befunden; die Verschiedenheit ist solange für sich selbst von Wert, wie sie gewährleistet, daß alle Facetten des Phänomenbereiches erfaßt und spezifische Einsichten gefördert werden. Am (fernen) Ende dieses Forschungsprozesses – und nicht schon am Anfang – wird, so steht zu hoffen, eine integrierte Theorie der Intelligenz stehen und vermutlich Aufschluß über die Arbeitsweise derjenigen Formation liefern, die ihr zugrunde liegt: dem Gehirn (Haier, 1990)" (Amelang 1995, 252).

Im folgenden Abschnitt stellen wir eine Auswahl der wichtigsten Intelligenztheorien und -modelle vor. Anschließend wird es um die Fragen gehen, ob Intelligenz eher vererbt oder erworben ist und wie sich die Intelligenz über die Jahre hinweg entwickelt. Am Ende dieses Kapitels wollen wir der Frage nachgehen, ob es ein klügeres Geschlecht gibt und wenn ja, welches das ist. Insgesamt vermittelt dieses Kapitel damit grundlegendes Wissen zum Konstrukt der Intelligenz.

Intelligenztheorien und -modelle

Viele Leserinnen und Leser werden sich vielleicht fragen, ob man für die praktische Anwendung von IQ-Tests überhaupt Kenntnisse über die verschiedenen Intelligenztheorien und -modelle benötigt. Denn ist es in der Praxis nicht eher so, dass das Wissen um dahinter stehende Theorien zwar nicht schadet, es aber für den alltäglichen Gebrauch nicht zwingend notwendig ist? Die Antwort darauf fällt eindeutig aus:

> **Kernaussage**
>
> **Das Wissen um die Theorien und Modelle der Intelligenz ist unabdingbar für eine fachgerechte praktische Anwendung von Intelligenztests!**

Warum ist das so? Auch wenn bei vielen Intelligenztests am Ende ein Intelligenzquotient, also der bekannte IQ, steht, bedeutet dieser IQ-Wert je nach Testverfahren und zugrunde liegender Intelligenztheorie jeweils etwas anderes. Um diesen IQ-Wert richtig interpretieren zu können, muss man die theoretischen Konzepte kennen und wissen, nach welchem Modell die Testaufgaben ausgewählt wurden. Dieses Hintergrundwissen erklärt dann auch diskrepante Ergebnisse verschiedener Tests bei ein und derselben Testperson. In der Praxis steht man nämlich nicht selten vor dem „Problem", dass bei einer Testperson zwei unterschiedliche Intelligenztests zum Einsatz kamen, die unterschiedliche IQ-Werte lieferten (Kapitel 5). Unter anderem deswegen sollte in jedem guten Testhandbuch beschrieben sein, welche Theorie dem Test zugrunde liegt und wie sich daraus die Testaufgaben ableiten.

Man sollte zudem wissen, dass kein Test alle Facetten der Intelligenz erfasst. Vielmehr messen die einzelnen Verfahren lediglich ausgewählte Fähigkeiten. Dies ist im Übrigen ein Grund dafür, dass verschiedene Intelligenztests im Allgemeinen nur moderat miteinander korrelieren.

Hier werden nun einige der wichtigsten bzw. einflussreichsten Intelligenzmodelle und -theorien dargestellt, welche im weitesten Sinne auch als Grundlage für die Konstruktion von IQ-Tests benutzt wurden. Wer sich einen umfassenderen Überblick über vorhandene Modelle verschaffen möchte, findet am Ende dieses Abschnittes Tipps für weiterführende Literatur.

Zwei-Faktoren- bzw. Generalfaktor-Theorie von Spearman

Der Brite Charles Edward Spearman (1863–1945) publizierte im Jahr 1904 im *American Journal of Psychology* einen einflussreichen Artikel mit dem Titel „'General Intelligence', Objectively determined and measured". Mit dieser und späteren Arbeiten führte er die Zwei-Faktoren-Theorie in die Literatur ein. Damit war eine der einflussreichsten Ideen der Psychologie publiziert – die der allgemeinen Intelligenz.

Bei seinen Forschungen beobachtete Spearman, dass die Ergebnisse, die die Testpersonen in sehr unterschiedlichen Intelligenztests erzielten, positiv miteinander korrelierten. Wer also bei einem Test gut abschnitt, erreichte mit großer Wahrscheinlichkeit auch bei einem anderen Test zur Messung der Denkfähigkeiten einen guten Wert. Spearman schloss daraus auf eine gemeinsame Quelle zur Erklärung dieser Zusammenhänge: Die allgemeine Intelligenz. Im Englischen wird dieser erklärende Faktor, abgeleitet aus *general intelligence*, auch *g-Faktor* oder kurz *g* genannt (daher auch Generalfaktor-Theorie). Inhaltlich ist *g* schwer zu fassen. Nach Jensen (1998) kann *g* „[…] am ehesten als Destillat der gemeinsamen Quelle interindividueller Leistungsunterschiede in Denktests verstanden werden, unabhängig von deren jeweiligen Eigenheiten wie Inhaltsklasse, benötigte Fertigkeiten oder Strategien etc. In diesem Sinne kann *g* grob mit dem Prozessor eines Computers verglichen werden" (74; eigene Übersetzung).

Spearman machte außerdem die Beobachtung, dass die einzelnen Ergebnisse bei unterschiedlichen Tests zwar alle positiv miteinander korrelierten, dass dieser Zusammenhang jedoch nicht perfekt war. Das heißt, manche Leistungen hingen sehr eng mit anderen zusammen, wieder andere zeigten jedoch schwächere Zusammenhänge. Um diesen Umstand zu erklären, nahm er für die einzelnen Testverfahren spezifische Faktoren (abgekürzt: *s*) an.

Die Leistung in einem Intelligenztest oder in einer Intelligenztestaufgabe sah Spearman somit immer durch zwei Faktoren bedingt (daher auch Zwei-Faktoren-Theorie): Zum einen durch den *g-Faktor*, der nach Spearman generell jedes Testergebnis beeinflusst und so die positiven ↑ Korrelationen zwischen unterschiedlichen Intelligenztests bzw.

Testaufgaben bedingt. *g* ist bei jeder Aufgabe, jedoch in unterschiedlichem Ausmaß, zu ihrer Lösung erforderlich: Je „*g*-lastiger" eine Aufgabe ist, desto stärker erfordert sie sehr generelle Denkprozesse wie z. B. das Erkennen von Relationen. Zum anderen wird jede Testleistung durch einen *Faktor s* beeinflusst, der spezifisch für den jeweiligen Test bzw. für die jeweilige Aufgabe ist. Beispiele hierfür sind der jeweilige Inhaltsbereich der Aufgabe (z. B. sprachliche, numerische oder figurale Inhalte) oder besondere Fertigkeiten zur Aufgabenbearbeitung wie Durchstreichen bestimmter Zeichen oder Legen von Bildern. Demnach gibt es nach Spearman so viele spezifische Faktoren, wie es Tests oder Aufgabentypen gibt.

Die Annahme, dass die Korrelation zwischen zwei Tests ausschließlich durch ihre jeweiligen Zusammenhänge mit *g* bestimmt sei, ist heute allerdings so nicht mehr haltbar. Empirisch zeigt sich nämlich, dass bestimmte Aufgabentypen stärker miteinander korrelieren als nach ihren jeweiligen *g*-Anteilen zu erwarten wäre. Auch finden sich zwischen einzelnen spezifischen Faktoren noch (Rest-)Korrelationen, die Spearman selbst als „spezielle Generalfaktoren" bezeichnete. Die alleinige Erklärung von Intelligenztestleistungen durch nur zwei Faktoren *g* und *s* scheint daher nicht hinreichend (Holling et al. 2004).

Spearmans größter Verdienst im Rahmen der Intelligenzforschung ist die Einführung des *g*-Faktors. Daneben verdanken wir Spearman wichtige statistische Weiterentwicklungen im Bereich der Korrelationsrechnung und der ↑ Faktorenanalyse. Etwas unbefriedigend blieb in seinem Modell jedoch die Rolle der spezifischen Faktoren: Rein test- oder aufgabenspezifische Varianzen sind nur schlecht dazu geeignet, unterschiedliche Fähigkeiten bei Menschen zu erklären.

Modell mehrerer gemeinsamer Faktoren nach Thurstone

Louis Leon Thurstone (1887 – 1955) entwickelte die von Spearman begründeten faktorenanalytischen Techniken und Theorien weiter. Ein Ausgangspunkt seiner Forschung war die Feststellung, dass Spearmans Theorie mit einer Reihe von empirischen Befunden nicht oder nur mithilfe von Zusatzannahmen in Einklang zu bringen war. Er schloss daraus, dass ein *g*-Faktor und spezifische Faktoren alleine als Intelligenzmodell nicht ausreichen. Stattdessen nahm er an, dass sich intelligente Leistungen immer durch mehrere, klar voneinander unterscheidbare generelle Faktoren – die sogenannten *Primärfaktoren* – erklären lassen.

Thurstone ging davon aus, dass der „Geist irgendwie strukturiert" sei und „der Verstand kein musterloses Mosaik einer unendlichen großen Anzahl von Elementen ist ohne funktionalen Zusammenhang" (Thurstone 1940, 190; eigene Übersetzung). Thurstone erwartete also korrelative Zusammenhänge zwischen verschiedenen Testleistungen. Die vermuteten Zusammenhänge sollten sich dabei durch eine relativ geringe Anzahl von Faktoren erklären lassen. Hier liegt nun auch der Unterschied zu Spearman: Dieser nahm einen einzigen Faktor zur Erklärung der positiven Korrelationen zwischen verschiedenen Intelligenzleistungen an, die allgemeine Intelligenz g. Thurstone ging zwar auch von der Existenz einer allgemeinen Intelligenz aus. Diese setzt sich jedoch aus mindestens sieben Primärfaktoren zusammen (Thurstones Angaben über die Zahl der Primärfaktoren schwanken zwischen sieben und neun), welche mehr oder weniger unabhängig voneinander sind. Die Berechnung nur eines Wertes für die Intelligenz (im Sinne eines g-Faktors) macht daher nach Thurstones Auffassung wenig Sinn. Vielmehr erscheint nach Thurstone die absolute Ausprägung der Primärfaktoren und ihr jeweiliges Profil zueinander relevanter. Nachfolgend stellen wir die sieben Primärfaktoren und typische Aufgaben zu ihrer Erfassung vor (nach Amelang / Bartussek 2001, 208):

- *Verbales Verständnis:* Kenntnis von Wörtern und ihrer Bedeutung sowie deren angemessener Verwendung im Gespräch
- *Wortflüssigkeit:* Rasches Produzieren von Wörtern, die bestimmten strukturellen oder symbolischen Erfordernissen entsprechen
- *Rechenfähigkeit:* Geschwindigkeit und Präzision bei einfachen arithmetischen Aufgaben
- *Räumliches Vorstellungsvermögen:* Bewältigung von Aufgaben, die räumliches Vorstellen und Orientieren sowie das Erkennen von Objekten unter anderem Bezugswinkel erfordern
- *Merkfähigkeit, Kurzzeitgedächtnis:* Behalten paarweise gelernter Assoziationen
- *Wahrnehmungsgeschwindigkeit:* Geschwindigkeit beim Vergleich oder der Identifikation visueller Konfigurationen
- *Schlussfolgerndes Denken, Erkennen von Regelhaftigkeit:* Auffinden einer allgemeinen Regel in einer vorgegebenen Reihe von Zahlen oder Symbolen sowie Anwendung der Regel bei der Vorhersage des nächstfolgenden Elements.

Nun stellt sich die nicht unbegründete Frage, warum Spearman und Thurstone zu so unterschiedlichen Modellannahmen kamen? Immerhin benutzten doch beide die gleiche Methode, nämlich die ↑ Faktorenanalyse. Dafür gibt es mindestes drei Gründe (Amelang / Bartussek

2001, Holling et al. 2004): Erstens verwendete Thurstone heterogenere Aufgaben als Spearman, was zu geringeren Korrelationen zwischen den Aufgaben und schließlich zu mehreren Faktoren bei der Faktorenanalyse führte. Zweitens testete er vor allem Studierende, die sich in ihrer Leistungsfähigkeit vergleichsweise ähnlich waren, was über den Umweg der geringeren ↑ Varianz in den Daten zu mehreren Faktoren führte. Schließlich gibt es mehrere Varianten der Faktorenanalyse, sodass sich die zwei Forscher auch im konkreten Vorgehen bei ihren Analysen unterschieden. Letzteres wird zwar auch häufig als Erklärung für die Unterschiede zwischen Spearman und Thurstone herangezogen, Jensen (1983) konnte aber zeigen, dass der bei der Faktorenanalyse empirisch extrahierte g-Faktor keineswegs von der jeweiligen Technik der Datenanalyse abhängt.

In neueren Modellkonzeptionen lassen sich im Übrigen die Annahmen und Ergebnisse sowohl von Spearman als auch von Thurstone integrieren. Sogenannte *hierarchische Modelle* (wie z.B. die noch zu besprechenden Modelle von Cattell oder das Berliner Intelligenzstrukturmodell) betrachten die Intelligenz auf verschiedenen Hierarchieebenen. An der Spitze der Modelle „thront" die allgemeine Intelligenz als g (Spearman). In der oder den Ebene(n) darunter lassen sich verschiedene einzelne Faktoren beschreiben (Thurstone), die jedoch nicht mehr unabhängig voneinander sind, sondern interkorrelieren.

Modell der kristallinen und fluiden Intelligenz von Cattell

Raymond Bernhard Cattell (1905–1998), ein früherer Assistent von Spearman, entwickelte ein eigenes einflussreiches Intelligenzmodell (Cattell 1963), welches als Vertreter der hierarchischen Modellfamilie aufgefasst werden kann. Es ist in gewisser Weise eine Synthese aus Spearmans und Thurstones Modell, wobei Cattell im Wesentlichen zwei übergeordnete Faktoren annimmt, denen er miteinander zusammenhängende Primärfaktoren unterordnet. Im Folgenden wollen wir uns auf die Betrachtung der zwei übergeordneten Faktoren beschränken.

Den ersten der beiden Faktoren beschreibt Cattell als *fluide Intelligenz* (abgekürzt als g_f). Dieser Faktor beschreibt die Fähigkeit, sich an neue Situationen anzupassen und neue Probleme zu lösen, ohne dass gelerntes Wissen dazu nötig wäre. Die Ausprägung dieser Intelligenzkomponente sollte also weitgehend von kulturellen sowie gesellschaftlichen Einflüssen unabhängig und laut Cattell mehr oder weniger von Geburt an festgelegt sein. Diese Annahme gilt bislang allerdings als empirisch kaum gesichert (Mackintosh 1998). Beispiele für die fluide Intelligenz sind die Fähigkeit, neue Informationen aufzunehmen oder Beziehungsmuster und Analogien zwischen Objekten zu erkennen.

Den zweiten Faktor bezeichnet Cattell als *kristalline Intelligenz* (abgekürzt als g_c). Dieser Faktor umfasst erlerntes Wissen und Fertigkeiten, also das, was man sich durch Kumulierung von Lernerfahrungen seit der Geburt angeeignet hat beziehungsweise Wissen oder Fertigkeiten, die sich sozusagen verfestigt oder „kristallisiert" haben. Die kristalline Intelligenz bezieht sich somit auf die Verarbeitung vertrauter Informationen sowie die Anwendung von Wissen (Berg 2000) und ist damit natürlich kulturell determiniert. Kristalline Intelligenz wird mit Testaufgaben erfasst, welche Vorwissen bzw. Vorbildung voraussetzen (z.B. Wortschatztests oder Tests zum Allgemeinwissen). An diesen Tests kann man schon sehen, dass g_c im Laufe des Lebens anwachsen kann und erst sehr spät einen Höhepunkt erreicht. Außerdem ist der g_c-Faktor laut Heller (2000, 32) „am besten mit sog. Power-Tests (Niveau-Tests), d.h. zeitlich nicht befristeten, aber in ihrer ↑ Schwierigkeit ansteigenden Testaufgaben zu erfassen".

Ein wichtiger Punkt in Cattells Überlegungen ist auch die sogenannte *Investment Theorie*. Cattell nimmt an, dass g_f als Vorraussetzung von g_c gesehen werden kann. Man investiert gleichermaßen seine angeborenen Fähigkeiten in das Erlernen kultureller Fertigkeiten. Die Annahme, dass individuelle Unterschiede in der fluiden Intelligenz mehr oder weniger die Ausprägung der kristallinen Intelligenz (bei vergleichbaren kulturellen und Lernumgebungen) bestimmen würden, konnte bisher zwar nicht ausreichend empirisch abgesichert werden (Holling et al. 2004), doch gibt die Investment Theorie z.B. einen plausiblen Erklärungsansatz für den „Matthäus-Effekt".

Definition

Der Matthäus-Effekt (abgeleitet aus einem Vers des Matthäusevangeliums: „Denn wer da hat, dem wird gegeben werden, dass er Fülle habe; wer aber nicht hat, von dem wird auch genommen, was er hat.") besagt auf den Lernbereich bezogen, dass jemand mit einer gut ausgeprägten fluiden Intelligenz und damit guter Lernfähigkeit schnellere und größere Fortschritte im Wissenserwerb macht als jemand mit weniger gut ausgeprägten kognitiven Lernvoraussetzungen.

Berliner Intelligenz-Strukturmodell (BIS) von Jäger

Seit den 1960er Jahren publizierte Adolf Otto Jäger (1920–2002) Arbeiten zum Berliner Intelligenz-Strukturmodell (BIS), wobei als eigentliche Geburtsstunde des Modells ein Artikel von 1982 in der Zeitschrift *Diagnostica* gilt. Das BIS kann als integratives Modell gesehen werden, da laut Jäger „Beschreibungen der Intelligenz als eine geschlossene Einheit [...] empirisch ebenso begründbar [sind] wie ihre Beschreibung als differenzierte Struktur von mehreren klar unterscheidbaren operativen und / oder inhaltsgebundenen Einheiten" (1982, 211).

Jäger hatte das Ziel, konkurrierende Strukturmodelle der Intelligenz (z. B. von Spearman und Thurstone) in einem Gesamtmodell zu integrieren. So basiert das BIS auf drei Grundannahmen (Jäger et al. 2006): Erstens wird angenommen, dass am Zustandekommen jeder Intelligenzleistung, neben anderen Bedingungen, alle möglichen intellektuellen Fähigkeiten beteiligt sind *(mehrfaktorielle Bedingtheit)*. Je nach Aufgabentyp kommt diesen unterschiedlichen Faktoren aber ein anderes Gewicht zu. Zweitens wird angenommen, dass sich Intelligenzleistungen unter verschiedenen – hier Modalitäten genannten – Aspekten klassifizieren lassen *(Mehrmodalitätsprinzip)*. Bislang wird eine bimodale Klassifikation angewandt, nämlich die in Operationen und Inhalte. Eine solche Klassifikation kann man gut mit dem Sortieren von Bauklötzen (Testaufgabe) nach Farbe (Operation) und Form (Inhalt) vergleichen. Als drittes wird weiterhin angenommen, dass Fähigkeitskonstrukte hierarchisch

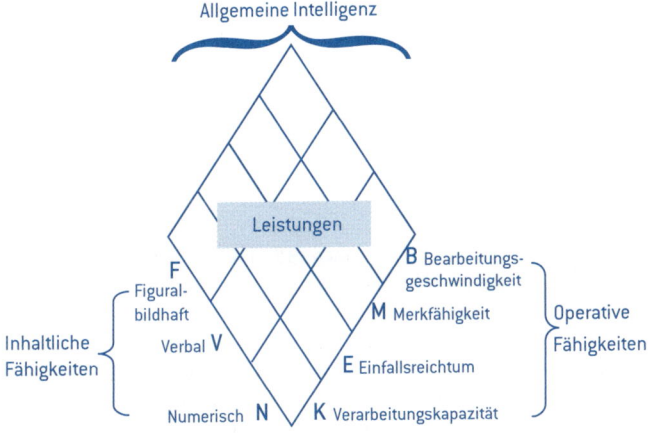

Abbildung 1: Berliner Intelligenzstrukturmodell nach Jäger (1982)

strukturiert sind – d. h., sie lassen sich unterschiedlichen Generalitätsebenen zuordnen *(Hierarchieannahme)*. Ganz oben in der Fähigkeitshierarchie steht die allgemeine Intelligenz. In der Ebene darunter findet man dann sieben breite, voneinander abhängige Fähigkeitskonstrukte. Das BIS wird gewöhnlich in Form einer Raute dargestellt (siehe Abbildung 1).

Die Fähigkeitskonstrukte des Modells werden im Folgenden näher beschrieben (in Anlehnung an Jäger et al. 2006, 20):

Operative Fähigkeiten

- B = Bearbeitungsgeschwindigkeit: Arbeitstempo, Auffassungsgeschwindigkeit und Konzentrationsfähigkeit beim Lösen einfach strukturierter Aufgaben von geringem Schwierigkeitsniveau
- M = Merkfähigkeit: Aktives Einprägen und kurzfristiges Wiedererkennen oder Reproduzieren von verschiedenartigem Material
- E = Einfallsreichtum: Hier ist die möglichst flexible Ideenproduktion gefragt, der Reichtum an Vorstellungen und die Fähigkeit, ein Problem von vielen verschiedenen Seiten zu sehen. Es geht dabei nicht um freies Fantasieren, sondern um möglichst vielfältige Problemlösungen.
- K = Verarbeitungskapazität: Verarbeitung komplexer Informationen bei Aufgaben, die nicht auf Anhieb zu lösen sind, sondern Heranziehen, vielfältiges Beziehungsstiften, formallogisch exaktes Denken und sachgerechtes Beurteilen von Informationen erfordern.

Inhaltsgebundene Fähigkeiten

- F = Anschauungsgebundenes, figural-bildhaftes Denken: Bearbeitung von Aufgabenmaterial, das anschauliches und räumliches Denken erfordert
- V = Sprachgebundenes Denken: Grad der Aneignung und der Verfügbarkeit des Beziehungssystems Sprache
- N = Zahlengebundenes Denken: Grad der Aneignung und der Verfügbarkeit des Beziehungssystems Zahlen

Allgemeine Intelligenz

Unter allgemeiner Intelligenz (AI, auch BIS-*g*) wird ein integriertes System separierbarer kognitiver Fähigkeiten verstanden, das am besten durch eine möglichst breite Stichprobe aus der Menge kognitiver Prozesse erfassbar ist. Die allgemeine Intelligenz umfasst kognitive Prozesse höherer Ordnung, die eine hohe Generalität für den gesamten Bereich kognitiver Fähigkeiten aufweisen, also allen intellektuellen Aktivitäten zugrunde liegen.

Das Modell ist explizit offen für Erweiterungen. Jäger (1982, 214) selbst erwog z. B., den Bereich der „Praktischen Intelligenz" und der

„Sozialen Intelligenz" mit einzubeziehen. Die Gültigkeit des BIS-Modells konnte in vielen Untersuchungen für verschiedenste Aufgabentypen sowie für Personen unterschiedlicher Begabungs- oder Altersgruppen und Kulturen bestätigt werden.

Fazit

Die unterschiedlichen Modelle zum Intelligenzkonstrukt verdeutlichen, dass Intelligenzleistungen sehr vielfältig sind und sehr unterschiedliche theoretische Strukturierungen erlauben. In Abhängigkeit vom jeweils verwendeten Aufgabenmaterial und von den herangezogenen statistischen Analyseverfahren entstanden daher unterschiedliche Modellvorstellungen. Doch besteht heute weitestgehend Einigkeit darüber, Intelligenz als Eigenschaftshierarchie aufzufassen. Je nach gewählter Hierarchieebene wird dabei eine unterschiedliche Anzahl von Intelligenzdimensionen mit unterschiedlicher Generalität für intellektuelle Leistungen betont.

Literatur

Intelligenzdiagnostik (Holling et al. 2004).
In dem Buch werden zusätzlich zu den hier vorgestellten Modellen auch noch Carrolls Three-Stratum-Theorie und Sternbergs triarchische Theorie der Intelligenz einführend behandelt.
Begabungsdiagnostik in der Schul- und Erziehungsberatung (Heller 2000).
Das Buch gibt auf 20 Seiten (Kap. 1.4) eine kurze aber informative Einführung in verschiedene theoretische Konzeptionen, die zur Entwicklung von Intelligenztests geführt haben.
Handbook of intelligence (Sternberg 2000).
Besonders der erste Teil dieses Handbuchs (The nature of intelligence and its measurement) gibt einen vertieften Überblick über ältere und neuere Konzeptionen der Intelligenz.

Internet

http://www.indiana.edu/~intell/index.shtml
Diese Website des Psychologieprofessors Jonathan Plucker und seines Teams gibt mit biografischen Informationen, interaktiven Karten oder vertiefenden Texten einen hervorragenden und aktuellen Überblick über die Entwicklung des Gebietes der Intelligenzforschung und -testung.

Determinanten der Intelligenz: Anlage oder Umwelt?

Seit den frühen Anfängen der Intelligenzforschung stellen sich sowohl Wissenschaftlerinnen und Wissenschaftler wie auch Laien die Frage nach den Ursachen der beobachtbaren interindividuellen Unterschiede im intellektuellen Potenzial. Wie brisant die Beantwortung dieser Frage ist, zeigte unter anderem 1994 die Veröffentlichung des Buchs „*The Bell Curve: Intelligence and Class Structure in American Life*". Die beiden Autoren, Richard Herrnstein und Charles Murray, lösten damit eine öffentlich geführte, hitzige Debatte um die Beziehung von Anlage / Umwelt, IQ und diversen sozialen Konsequenzen aus.

Um abschätzen zu können, inwieweit beobachtbares Verhalten durch genetische Faktoren beeinflusst wird, bedient sich die Psychologie der Methoden der Verhaltensgenetik. Dabei kommen Zwillings- und Adoptionsstudien eine besondere Bedeutung zu: Durch den Vergleich von getrennt aufgewachsenen eineiigen Zwillingen, von eineiigen mit zweieiigen Zwillingen sowie den Vergleich zwischen Adoptivkindern und ihren Adoptivgeschwistern, ihren Adoptiveltern und ihren biologischen Eltern, versucht man, die *Erblichkeit* der Intelligenz abzuschätzen.

> **Definition**
>
> **Die Erblichkeit (h²) eines Merkmals gibt den Anteil der Merkmalsvarianz (↑ Varianz) an, der auf genetische Unterschiede zurückgeht (Borkenau 1993). Die Erblichkeit ist also das Verhältnis von genetischer zu phänotypischer Varianz ($h^2 = V_G / V_P$).**

Die Ergebnisse, die diese Schätzmethoden für die Erblichkeit der Intelligenz liefern, schwanken gewöhnlich zwischen ca. $h^2 = 50\%$ und 70 % (Borkenau 1993). Auch Mackintosh (1998) kommt zu dem Schluss, dass weder die Qualität der Daten, noch die Modelle eine präzisere Erblichkeitsschätzung als 30–75 % erlauben. Man kann also lediglich davon ausgehen, dass die Unterschiede von IQ-Werten in einer Population zwar zu einem erheblichen Teil genetisch bedingt sind, dass aber auch die Umwelt einen wichtigen Teil zur interindividuellen Variation beiträgt.

Das Konzept der Erblichkeit: Da das Konzept der Erblichkeit viele Menschen zu falschen Schlussfolgerungen verleitet, soll an dieser Stelle klar zum Ausdruck gebracht werden, was das Konzept der Erblichkeit aussagt und was nicht (Sternberg et al. 2005, Trautner 2003). Da sich Erblichkeit auf Varianzverhältnisse in einer bestimmten Population bezieht, ist es nicht sinnvoll, dieses Konzept auf eine bestimmte einzelne Person anzuwenden. Es gibt schlichtweg keine Möglichkeit, die Erblichkeit eines Merkmals bei einer bestimmten Person zu messen. Weiterhin sind Aussagen wie „70 % der Intelligenz sind vererbt" nicht richtig, da die Erblichkeit keine Aussagen über die absoluten Anteile eines Merkmals macht, sondern nur über die Varianz eines Merkmals in einer Population. Eine hohe Erblichkeit ist auch nicht gleichbedeutend mit einer direkten genetischen Beeinflussung. Dass Menschen zwei Augen und eine Nase haben, ist bestimmt vollkommen genetisch determiniert. Trotzdem kann man keine sinnvollen Aussagen über die Erblichkeit dieses Merkmals treffen, da es in der Population (so gut wie) nicht variiert (und somit eine 0 im Nenner der Formel stehen würde). Andererseits hat beispielsweise der Berufsstatus eine signifikante Erblichkeit (vgl. Sternberg et al. 2005), ist aber mit Sicherheit nicht direkt genetisch beeinflusst. Zusätzlich kann eine Erblichkeitsschätzung bei verschiedenen Populationen (z. B. aus einem Entwicklungsland und einer Industrienation) zum selben Zeitpunkt zu unterschiedlichen Ergebnissen führen. Genauso können Erblichkeitsschätzungen, die an der gleichen Population zu zwei unterschiedlichen Zeitpunkten (z. B. um 1900 und um 2000) durchgeführt wurden, zu zwei unterschiedlichen Ergebnissen kommen – und das, obwohl sich das Erbgut der Menschen in dieser Zeit bestimmt nicht gewandelt hat. Schließlich sagt die Erblichkeit auch nichts über die Veränderbarkeit eines Merkmals aus. Die Phenylketonurie ist beispielsweise eine genetisch bedingte Stoffwechselerkrankung, deren Auswirkungen trotzdem durch eine spezielle, frühzeitig beginnende Diät veränderbar sind.

Der Umweltanteil: Wie schon gesagt, ist auch die Umwelt zu einem wichtigen Teil für die interindividuellen Unterschiede in der Intelligenz verantwortlich. Unter dem Begriff „Umwelt" werden dabei alle Einflussfaktoren außer den genetischen zusammengefasst. Das heißt, zur Umwelt gehört die intrauterine Umwelt des Ungeborenen genauso wie der Einfluss, den Eltern, Geschwister, Freunde und Bekannte, die Schule oder verschiedene Ernährungsbedingungen auf die Ausprägung der Intelligenz ausüben. Man kennt zwar verschiedene einzelne Bedingungen, die für die Intelligenzentwicklung nicht förderlich sind. So wirken sich lang anhaltende Mangelernährung in der Kindheit, Intoxikation mit Blei und verschiedene prä- und perinatale Bedingungen (z. B. Alkoholkonsum der Mutter in der Schwangerschaft, Geburtskomplikationen) negativ auf die Intelligenzentwicklung aus. Die Forschung ist aber leider noch weit davon entfernt, eine Theorie davon zu haben, wie verschiedene Umwelten die IQ-Werte von Menschen beeinflussen, die unter ganz alltäglichen („normalen") Bedingungen aufgewachsenen sind. Man kann nach heutigem Kenntnisstand lediglich davon ausgehen, dass es ganz verschiedene Umweltbedingungen gibt, die alle einen kleinen Beitrag zur Intelligenzausprägung leisten und zudem häufig gemeinsam auftreten (Mackintosh 1998).

Die Forschung hat aber auch Erkenntnisse gebracht, mit denen nicht jeder gerechnet hätte. Die Befunde konvergieren beispielsweise dahingehend, dass für die Unterschiede in den IQ-Werten weniger die Bedingungen eine Rolle spielen, die für alle Mitglieder einer Familie gleich sind – die sogenannte *geteilte Umwelt*. Vielmehr übt die *nicht geteilte Umwelt* den entscheidenderen Einfluss aus (Borkenau 1993, Mackintosh 1998). Diese umfasst Faktoren, die nicht für jedes Familienmitglied gleich sind (z. B. unterschiedliche Freunde der Kinder, Ungleichbehandlung durch die Eltern).

Die Interaktion von Anlage und Umwelt: Die bisherige getrennte Betrachtung von Anlage und Umwelt soll natürlich nicht darüber hinwegtäuschen, dass im Einzelfall die beiden Komponenten nie zu trennen sind. Denn die Ontogenese (Individualentwicklung) eines Menschen ist von Beginn an ein untrennbares Zusammenwirken von Anlage UND Umwelt! *Wie* können Anlage und Umwelt aber bei der Merkmalsentstehung zusammenwirken?

Plomin et al. (1977) unterscheiden drei Möglichkeiten des Zusammenspiels: Eine *passive Anlage / Umwelt-Kovariation* kommt dadurch zustande, dass (biologische) Eltern den eigenen Kindern eine bestimmte Umwelt bieten, die mit einer gewissen Wahrscheinlichkeit zu ihrer eigenen (genetischen) Veranlagung und damit auch zu der der Kinder passt. Beispielsweise wachsen intelligente Kinder meist alleine deswegen schon in einer anregenden Umwelt auf, weil ihre Eltern aufgrund ihrer eigenen Intelligenz, die sie zum Teil an ihre Kinder weiter vererbt haben, eine anregende häusliche Umgebung schaffen.

Von einem *evozierten oder reaktiven* Zusammenhang spricht man hingegen, wenn die soziale Umwelt auf genetisch beeinflusste Persönlichkeitseigenschaften von Menschen reagiert: *Weil* ein Kind intelligenter ist als ein anderes, wird dieses Kind wissensdurstiger erscheinen oder mehr lesen wollen und *darum* wird die Umwelt auf ein solches

Kind eventuell eher mit einem Museumsbesuch oder einem Buchgeschenk zum Geburtstag reagieren, als sie es bei einem Kind täte, das größeres Vergnügen an motorischen Aktivitäten zeigt. Ein Kind löst also durch seine Eigenschaften und sein Verhalten Reaktionen in seiner Umwelt aus, die zu seinem Genotyp passen.

Eine *aktive Anlage/Umwelt-Kovariation* beschreibt das Phänomen, dass Menschen genetisch beeinflusste Tendenzen haben, bestimmte, zu ihnen passende Umwelten aufzusuchen, Umwelten passend zu verändern oder bestimmte Umwelten erst herzustellen. Beispielsweise umgeben sich Menschen meist mit ähnlich intelligenten Freunden oder suchen sich ihren Bedürfnissen und Fähigkeiten entsprechende Bücher, Fernsehsendungen oder Studienfächer aus.

Anlage und Umwelt verstärken sich also wechselseitig, die relative Bedeutung verändert sich allerdings im Laufe der Entwicklung. So nimmt beispielsweise der Einfluss der Eltern und damit der passive Zusammenhang zugunsten einer Stärkung des aktiven Zusammenhangs ab. So gesehen wird man zusehends selbst für seine Umwelt und damit für seine Entwicklung „verantwortlich".

Literatur

Viele deutschsprachige Lehrbücher zur Entwicklungspsychologie (z.B. **Trautner 2003***) oder zur Persönlichkeitspsychologie (z.B.* **Asendorpf 2007***) geben gute Einführungen in Methoden und Ergebnisse der Erblichkeitsforschung.*
Gene, Umwelt und Verhalten. Einführung in die Verhaltensgenetik (Plomin et al. 1999).
Das Buch ist eines der wenigen deutschsprachigen Lehrbücher zur Verhaltensgenetik und gibt einen guten Überblick darüber, wie Erblichkeitsschätzungen genau ablaufen und mit welchen Fehlern diese Schätzungen behaftet sind.
IQ and Human Intelligence (Mackintosh 1998).
Ein sehr gutes Lehrbuch zum Thema IQ mit zwei ausführlichen Kapiteln zum Thema Anlage/Umwelt.

Intelligenz im Lebenslauf

Betrachtet man die allgemeine Intelligenz, so erweist sich diese im Lebenslauf als äußerst stabiles Persönlichkeitsmerkmal. Die sogenannten Stabilitätskoeffizienten, also ↑ Korrelationen von IQ-Werten aus wiederholten Testungen mit denselben Testverfahren, liegen für viele

Intelligenztests bei $r_{tt} = .90$ und höher (Amelang et al. 2006). Auch spezifischere Fähigkeiten bzw. Intelligenzfaktoren wie Thurstones Primärfaktoren (siehe Abschnitt „Intelligenztheorien und -modelle") scheinen relativ stabil zu sein (Schaie / Hertzog 1986); allerdings liegen hierzu weit weniger Untersuchungen vor als zur allgemeinen Intelligenz.

Die Stabilität wird über Korrelationen (Stabilitätskoeffizienten) abgebildet und drückt aus, dass Personen ihren relativen Rangplatz in einer für sie repräsentativen Gruppe über längere Zeiträume beibehalten. Das Intelligenzniveau der Gruppe kann sich jedoch über die Zeit deutlich verändern. Auch eine Person, die in zwei zeitlich auseinander liegenden Testungen denselben IQ-Wert erhält, kann sich durchaus in ihrer Denkfähigkeit verändert haben; die Ähnlichkeit ihrer IQ-Werte zeigt lediglich, dass die Veränderung ihrer Denkfähigkeiten mit den Veränderungen vergleichbar ist, welche eine für die Person repräsentative Altersgruppe der ↑ Normstichprobe auch erfahren hat.

Der IQ eines Menschen ist damit keineswegs eine Konstante im Lebenslauf. Zunächst einmal bedeutet der IQ in unterschiedlichen Lebensabschnitten inhaltlich etwas anderes: Genetische Faktoren scheinen im Erwachsenenalter bestimmender zu sein als im Kindesalter, und für unterschiedliche Altersgruppen verändern sich die Testinhalte der Messverfahren ebenso wie die der Aufgabenlösung zugrunde liegenden Denkprozesse (z.B. schlussfolgern Personen unterschiedlichen Alters unterschiedlich; Brody 1992). Die Aussage einer hohen Stabilität der Intelligenz wird auch dadurch relativiert, dass sie eher für Kinder ab dem Schulalter sowie für Jugendliche und Erwachsene zutrifft als für jüngere Kinder und sich außerdem auf Gruppendaten bezieht und damit nicht ohne weiteres auf Einzelpersonen übertragbar ist (Lövdén / Lindenberger 2005). Diese beiden Punkte sollen nun nachfolgend kurz ausgeführt werden.

Stabilität der Intelligenz im Lebenslauf

Intelligenzmessungen im Kleinkindalter hängen nur schwach mit dem späteren IQ zusammen. Dies liegt unter anderem daran, dass bei Kleinkindern vorwiegend Wahrnehmung und Motorik, also andere Fähigkeiten als bei älteren Kindern, getestet werden. Anhand einzelner IQ-Tests in jungen Jahren sind somit kaum gültige Vorhersagen über die spätere Intelligenz möglich.

> **Kernaussage**
>
> **Je früher die Intelligenz gemessen wird, desto geringer ist ihre Stabilität.**

Interessanterweise erlauben aber das Aktivitätsniveau und das Neugierverhalten von Säuglingen relativ gute Vorhersagen über die Intelligenzentwicklung der Kinder im Vorschulalter (Chen / Siegler 2000). Ab einem Alter von drei Jahren nehmen die Stabilitätskoeffizienten deutlich zu: Die Korrelationen zwischen der gemessenen Intelligenz in einem und im darauf folgenden Jahr liegen ab dem vierten Lebensjahr bereits über $r = .70$ und steigen im Jugendalter noch auf ca. $r = .90$ an (Wilson 1983, 1986). Die höhere Stabilität gilt dabei nicht nur für zeitlich nahe Testungen, sondern auch für Testungen in der späteren Kindheit oder Jugend.

> **Kernaussage**
>
> **Bereits ab einem Alter von circa fünf Jahren können Intelligenzunterschiede im Alter von 18 Jahren und darüber hinaus relativ gut vorhergesagt werden.**

Für das Jugend- und das Erwachsenenalter werden für den IQ sehr hohe Stabilitätskoeffizienten von über $r = .95$ berichtet, welche auch über längere Zeiträume hinweg gelten (Conley 1984, Mortensen / Kleven 1993).

Intraindividuelle Variabilität: Die hohen Stabilitätsschätzungen der Intelligenz wurden auf der Grundlage von Gruppendaten gewonnen, beziehen sich also auf Intelligenzunterschiede zwischen verschiedenen Personen. Dabei darf nicht übersehen werden, dass *individuelle* IQ-Werte, insbesondere bei sehr jungen Kindern, großen Schwankungen unterliegen können. Doch auch für viele Kinder im Grundschulalter (und danach) variiert der IQ noch um mehr als 20 Punkte (Schneider et al. 1998). Selten ist bei diesen individuellen Schwankungen ein systematischer Verlauf zu verzeichnen, und es ist kaum möglich vorherzusagen, welche Kinder von diesen Schwankungen betroffen sein werden. In einer deutschen Längsschnittstudie fand sich z. B. hinsichtlich der Zuwächse in der Intelligenz, dass Kinder mit höherer Intelligenz eher größere Zuwachsraten zeigen als Kinder mit niedrigerer Intelligenz. Geschlecht oder sozioökonomischer Status hingegen scheinen die Zuwachsraten nicht zu beeinflussen (Schneider et al. 1998). Bislang ist aber über individuelle Entwicklungsverläufe der Intelligenz weit weniger bekannt als über die Entwicklung interindividueller Differenzen.

Entwicklung der Intelligenz

Die vorangehenden Ausführungen zur Stabilität der Intelligenz sagen wenig über ihre inhaltliche Entwicklung im Lebenslauf aus. Im Folgenden geht es daher zunächst um die Entwicklung im Sinne von Intelligenzzunahmen oder -abnahmen. Anschließend widmen wir uns der Frage nach Veränderungen in der Intelligenzstruktur.

Intelligenzzunahmen oder -abnahmen im Lebenslauf: Die Leistungsfähigkeit unserer kognitiven Fähigkeiten wächst bis zum frühen Erwachsenenalter kontinuierlich an. Unterschiedliche Teilfähigkeiten zeigen dabei unterschiedliche Wachstumskurven: So scheint sich, bezogen auf Thurstones Primärfaktoren, die Wahrnehmungsgeschwindigkeit am schnellsten zu entwickeln, gefolgt von räumlichen und schlussfolgernden Fähigkeiten und Zahlenverständnis. Am langsamsten entwickeln sich verbale Fähigkeiten wie das verbale Verständnis oder die Wortflüssigkeit (Carroll 1993).

> **Kernaussage**
>
> **Der Zuwachs der kognitiven Fähigkeiten erfolgt nicht stetig, sondern negativ beschleunigt. Das bedeutet, dass mit zunehmendem Alter die Wachstumsraten der kognitiven Fähigkeiten leicht abnehmen, sodass für manche Fähigkeiten bereits im Jugendalter oder im frühen Erwachsenenalter ein Plateau erreicht zu sein scheint.**

Ab dem jungen Erwachsenenalter erfolgt in Abhängigkeit von den jeweiligen Interessen, Lerngelegenheiten, dem Umfeld oder dem Gesundheitszustand etc. vor allem eine Weiterentwicklung des generellen Wissens und spezifischer Wissenssysteme (Dixon et al. 1985).

Während bis zum frühen Erwachsenenalter eine Zunahme fast aller kognitiven Fähigkeiten zu verzeichnen ist, wird im späteren Erwachsenenalter deutlich, dass sich die Intelligenz multidirektional entwickelt: Einige Bereiche verzeichnen weiterhin einen Zuwachs, während andere mit zunehmendem Alter abbauen. Dies zeigt wiederum, dass Intelligenz keine einheitliche Größe ist, sondern sich aus vielen Teilfähigkeiten zusammensetzt. Für die Beschreibung der Entwicklung der Intelligenz im Erwachsenenalter bietet sich die grobe Aufteilung der Intelligenz in eine eher *biologisch* und eine eher *kulturell determinierte Komponente* an. Erstere bezieht sich auf die *fluide Intelligenz* und auf grundlegende Prozesse der Informationsverarbeitung (wie Verarbeitungsgeschwindigkeit, Arbeitsgedächtniskapazität oder die Koordination und Kontrolle der Informationsverarbeitung). Letztere bezieht sich auf die *kristalline Intelligenz,* also Wissensinhalte.

> **Kernaussage**
>
> **Die fluide Intelligenz unterliegt einem früheren und deutlicheren Abbau als die kristalline Intelligenz, welche bis zu einem sehr hohen Erwachsenenalter zunehmen kann.**

Die Befundlage, ab wann und in welchem Ausmaß die fluide Intelligenz abbaut, ist allerdings uneinheitlich. Während Querschnittstudien (Probanden verschiedenen Alters werden zu *einem* Testzeitpunkt untersucht) einen kontinuierlichen Abbau bereits ab dem dritten Lebensjahrzehnt zeigen, erfolgt nach Befunden aus Längsschnittstudien (Probanden desselben Alters werden über *mehrere* Testzeitpunkte untersucht) dieser Abbau erst ab ca. 60 Jahren (Berg 2000). Aus verschiedenen Gründen ist davon auszugehen, dass Querschnittstudien den Abbau eher überschätzen, während Längsschnittstudien diesen tendenziell unterschätzen (Brody 1992).

Die höhere Anfälligkeit für einen altersbedingten Abbau der fluiden Intelligenz wird häufig auf biologische Abbauprozesse zurückgeführt, welche sowohl die Geschwindigkeit, mit der Informationen bearbeitet werden können, als auch die Kapazität des Arbeitsgedächtnisses, also die Menge an Informationen, die gleichzeitig gespeichert und verarbeitet werden können, beeinträchtigen.

Auch hier ist wieder der Hinweis angebracht, dass individuelle Entwicklungsverläufe stark von den berichteten Befunden abweichen können. Altern ist ein sehr individueller Prozess und unterschiedliche Menschen können ganz unterschiedliche Veränderungen über die Zeit durchlaufen. Obwohl die Mehrheit von uns im hohen Erwachsenenalter wohl von einem Abbau sowohl der fluiden als auch kristallinen Fähigkeiten betroffen sein wird, gibt es hier doch beträchtliche interindividuelle Unterschiede im Ausmaß der Veränderung und im Zeitpunkt des Einsetzens des Abbaus. Zudem muss beachtet werden, dass Training den Abbau von Fähigkeiten zum Teil wieder rückgängig machen kann (Schaie 1991). Insgesamt weiß man jedoch noch relativ wenig über individuelle Verläufe der Intelligenzentwicklung. Es könnten sich hierfür deutlich andere Befunde ergeben als die, die man aus der bisherigen Forschung auf der Grundlage von Gruppendaten erhalten hat.

Strukturelle Veränderungen der Intelligenz: Es ist durchaus plausibel anzunehmen, dass sich mit zunehmendem Alter aufgrund von Lernen und Erfahrung verschiedene Fähigkeiten entwickeln, sich die Intelligenz also zunehmend ausdifferenziert bzw. die Anzahl von Faktoren mit dem Alter ansteigt. Tatsächlich findet man in der Literatur immer wieder die Aussage, dass sich in der Kindheit zunächst nur ein genereller Intelligenzfaktor findet und dass sich erst mit zunehmendem Lebensalter mehrere Faktoren nachweisen lassen. Neuere Untersuchungen sprechen jedoch eher für eine vergleichbare Intelligenzstruktur von Kindern (zumindest ab dem Vorschulalter) und Erwachsenen (Holling et al. 2004). Dies gilt zumindest für grundlegende Intelligenzfaktoren wie z.B. die Primärfaktoren nach Thurstone. Dagegen scheinen sich solche Faktoren, die sich auf spezialisierte Lerninhalte beziehen, im Laufe des Erwachsenwerdens eher auszudifferenzieren (Carroll 1993). Für das Erwachsenenalter geht die Forschung von einer kleineren Anzahl von Intelligenzfaktoren (zwei bis zwölf) aus, deren Struktur relativ unverändert bestehen bleibt (Berg 2000). Im höheren Lebensalter scheint sich eine „Dedifferenzierung" zu vollziehen, denn verschiedene Fähigkeiten korrelieren höher miteinander als bei jüngeren Menschen, sodass sich zunächst nur noch eine kristalline und eine fluide Intelligenzkomponente nachweisen lassen. Im sehr hohen Alter lassen sich dann selbst diese beiden Komponenten faktorenanalytisch kaum noch trennen. Das kann man zum Teil darauf zurückführen, dass der Abbau der fluiden Intelligenz im Alter zunehmend auch die kristalline Intelligenz beeinträchtigt (Ghisletta / Lindenberger 2004).

Literatur

Einführungen in entwicklungspsychologische Aspekte der Intelligenz geben Lehrbücher der Entwicklungspsychologie (z.B. Oerter / Montada 2002).

A theory of adult intellectual development: Process, personality, interests, knowledge (Ackerman 1996).

The development of intelligence (Anderson 1999).

Intellectual development in adulthood (Berg 2000).

Geschlechterunterschiede

Lange Zeit herrschte die Auffassung vor, dass Männer Frauen nicht nur hinsichtlich ihrer körperlichen Kraft, sondern auch bezüglich ihrer intellektuellen Fähigkeiten überlegen seien. Heutzutage würde bestimmt kaum noch jemand ernsthaft behaupten, dass Frauen insgesamt weniger intelligent sind als Männer. Im Detail wird das Thema jedoch bis heute kontrovers diskutiert.

Nun kann man sich natürlich fragen, warum das Problem nicht einfach empirisch angehen? Beispielsweise könnte man eine hinreichend große Stichprobe von Männern und Frauen einem objektiven, reliablen (messgenauen) und validen (gültigen) Intelligenztest unterziehen. Dabei stellt sich aber das Problem, dass Intelligenztests in der Regel von vornherein „fair" konstruiert sind, d. h. neutral gegenüber der Zugehörigkeit zu bestimmten Bevölkerungsgruppen (definiert durch Geschlecht, Ethnie o. ä.). Frauen und Männer würden also alleine deswegen vergleichbar abschneiden, weil Intelligenztests normalerweise von vornherein mit diesem Ziel konstruiert werden. Aber auch bei Intelligenztests, deren Fairness zuvor nicht explizit überprüft worden ist, findet sich kein Unterschied zwischen den Geschlechtern (Jensen 1998). Geschlechterdifferenzen hinsichtlich der generellen intellektuellen Fähigkeit (siehe Abschnitt Intelligenztheorien und -modelle) sind folglich vernachlässigbar. Sind die intellektuellen Fähigkeiten von (durchschnittlichen) Männern und (durchschnittlichen) Frauen also in allen möglichen Bereichen gleich? Nein! Denn wenn man spezielle Aufgabentypen betrachtet, erkennt man, dass Männer und Frauen zum Teil doch unterschiedlich gute Ergebnisse erzielen.

Verbale Fähigkeiten: Bereits ab einem Alter von etwa fünf Jahren schneiden Mädchen bei sprachlichen Tests besser ab als ihre männlichen Altersgenossen. Das zeigt sich in so verschiedenen Bereichen wie grammatikalischem Niveau und Wortschatz, später auch im Hinblick auf Leseverständnis, Orthographie und Zeichensetzung. Eine Metaanalyse von über 120 Studien zeigte allerdings, dass Mädchen nicht zu jedem Zeitpunkt in allen verbalen Fähigkeiten besser abschneiden als Jungen. Insgesamt konnten für das Vorschul- und Erwachsenenalter die erwarteten Mittelwertunterschiede zugunsten der weiblichen Testpersonen belegt werden (Hyde / Linn 1988). Im Alter zwischen 6 und 25 konnten dagegen keine generellen Geschlechterunterschiede bei verbalen Tests nachgewiesen werden. Bei bestimmten verbalen Fähigkeiten, etwa dem Finden von Synonymen, schnitten Mädchen deutlich besser ab als die männlichen Teilnehmer. Jungen dagegen erzielten leicht höhere Leistungen im Bereich der sprachlichen Analogien. Mädchen / Frauen scheinen also in bestimmten Altersgruppen und bei bestimmten Aufgaben im verbalen Bereich Jungen / Männern klar überlegen. Dazu passt auch der Befund, dass gerade von Störungen im verbalen Bereich (z. B. Lese- / Rechtschreibschwäche, Sprachentwicklungsstörungen, Stottern) deutlich mehr Jungen als Mädchen betroffen sind.

Räumliche Fähigkeiten: Vergleichbar deutliche Unterschiede, hier jedoch zugunsten des männlichen Geschlechts, zeigen sich im Hinblick auf räumliche Fähigkeiten. Ein Beispiel ist die mentale Rotation: Hierbei soll ein komplexes Objekt (z. B. ein gemusterter Würfel oder eine dreidimensionale geometrische Figur) in Gedanken so gedreht werden, dass die (Nicht-)Übereinstimmung mit ähnlichen Objekten überprüft werden kann. Jungen lösen solche Aufgaben etwa ab einem Alter von zehn Jahren schneller als gleichaltrige Mädchen. Ähnliche, wenngleich auch etwas weniger klare Unterschiede zeigen sich auch in weiteren Domänen der räumlichen Fähigkeiten etwa der räumlichen Wahrnehmung (Extrahieren von Lageinformationen unabhängig von Kontextreizen; z. B. Piaget / Inhelder 1971) oder der räumlichen Visualisierung (z. B. Entscheiden, ob sich eine bestimmte dreidimensionale Figur aus einer gegebenen Faltvorlage erstellen lässt).

Mathematische Fähigkeiten: Anders als bei verbalen und räumlichen Fähigkeiten lassen sich bei mathematisch orientierten Aufgaben keine Unterschiede zwischen den Geschlechtern nachweisen, wenn man die Befunde über alle Altersgruppen zusammenfassend bewertet (Hyde et al. 1990). Bei genauerer Betrachtung findet sich allerdings ein deutlicher Alterstrend: Mit zunehmendem Alter erzielen männliche im Vergleich zu weiblichen Testpersonen immer bessere mathematische Leistungen. Unterschiede zeigen sich außerdem in der Verteilung: Bei den mathematischen Höchstleistern liegt der Anteil der Jungen etwa siebzehn Mal höher als der der Mädchen. Andererseits gibt es auch mehr mathematisch sehr schwach begabte Jungen als Mädchen.

Neben der Frage nach den Mittelwertsunterschieden ist also immer auch die Frage nach der Variabilität der Ergebnisse von Bedeutung, wenn wir Aussagen darüber treffen wollen, ob sich Männer und Frauen hinsichtlich ihrer Intelligenz unterscheiden.

Kernaussage

Insgesamt gibt es in einigen eng umgrenzten Teilbereichen geschlechtsspezifische Unterschiede, hinsichtlich der Gesamtintelligenz jedoch nicht. Die Werte der männlichen Probanden weisen darüber hinaus in vielen Domänen eine größere Streuung auf: Sowohl am oberen wie auch am unteren Extrem finden sich anteilig mehr Jungen als Mädchen.

Von der Frage nach der statistischen Signifikanz der (in den meisten Fällen ohnehin nicht allzu großen) Unterschiede ist jedoch die Frage nach der praktischen Bedeutsamkeit der Unterschiede zu trennen. Betrachtet man nämlich, inwieweit sich die Verteilungen für Männer und Frauen überlappen, finden sich große Überschneidungsbereiche. Darüber hinaus deuten Befunde aus den 1990er Jahren darauf hin, dass die Unterschiede zwischen den Geschlechtern schwinden (z. B. Carroll 1993). Eine eindeutige Erklärung für dieses Phänomen existiert aber bislang noch nicht. Diskutiert werden unter anderem Veränderungen der gesellschaftlichen Rahmenbedingungen, die mit einer Abschwächung der Geschlechterstereotype einhergehen.

Bei Befunden zu Geschlechtsunterschieden ist darüber hinaus zu berücksichtigen, dass nicht notwendigerweise das Geschlecht selbst der ausschlaggebende Faktor ist, sondern möglicherweise andere, damit verbundene Variablen. Mädchen haben beispielsweise einen Entwicklungsvorsprung hinsichtlich ihrer körperlichen und sozialen Reife, wobei sich Letzteres in den verbalen Fähigkeiten niederschlägt. Das heißt, das Alter bei der Testung muss entsprechend berücksichtigt werden. Empirische Befunde zeigen außerdem, dass es für die erfolgreiche Bewältigung von Testaufgaben sowohl eine Rolle spielt, in welchen inhaltlichen Kontext die Aufgaben eingebettet sind (z. B. alltagsnaher Bezug; Crawford et al. 1989), als auch, wie die Aufgaben formal gestaltet wurden (z. B. Antwortformate; Halpern 2000). Darüber hinaus haben Mädchen und Jungen in vielen Gesellschaften nicht die gleichen Zugangschancen zu Bildungsressourcen. Eine Folge davon können Unterschiede im IQ sein. Auch bei uns ist es beispielsweise leider immer noch so, dass trotz praktisch identischer Ausprägung der allgemeinen Intelligenz weniger Mädchen als Jungen als hochbegabt identifiziert und folglich auch seltener für begabungsspezifische Fördermaßnahmen vorgeschlagen werden.

Literatur

Intelligenzdiagnostik (Holling et al. 2004).
Das Kapitel 4.2 des Buchs bietet eine knappe Zusammenfassung der Thematik.
Sex Differences in Cognitive Abilities (Halpern 2000).
Sehr ausführliche und verständliche Abhandlung des Themas.

Psychometrische Tests – Messmethodische Grundlagen, Gütekriterien und Auswertungsaspekte

2

Psychometrische Tests sind ganz allgemein Testverfahren, die psychologische Merkmale erfassen. Viele Menschen machen sich jedoch falsche Vorstellungen, wenn es um die Frage geht, was „psychologische Tests" sind. Manche überschätzen die Möglichkeiten psychologischer Tests – sie entwickeln dann beispielsweise eine unbegründete Angst davor, sofort in allen Facetten ihres Selbst durchschaut zu werden, falls sie sich einer Testung unterziehen. Andere dagegen halten Tests für reinen Humbug – damit sei nicht mehr herauszufinden, als man mit dem sprichwörtlichen „gesunden Menschenverstand" in einem einfachen Gespräch ebenfalls in Erfahrung bringen könne. Wieder andere stellen sich unter einem psychologischen Test nicht mehr vor als einen der vielen „Psycho-Tests", wie man sie in verschiedenen Illustrierten finden kann. In diesem Kapitel soll nun versucht werden, eine realistischere Einschätzung zu vermitteln. Denn psychologische Tests sind zum einen aus dem heutigen Alltag nicht mehr weg zu denken. Zum anderen gehört die Entwicklung verschiedener Testverfahren zu den großen Leistungen der Psychologie, von der verschiedene andere Berufsgruppen und die Gesellschaft als Ganzes tagtäglich profitieren (Zimbardo 2004). Am Ende dieses Kapitels soll man daher eine Vorstellung davon haben, was ein psychometrischer Test ist, wie er konstruiert wird, anhand welcher Kriterien man ihn bewerten und wie eine Testdurchführung und -auswertung ablaufen kann.

Was ist ein Test?

Ein psychologischer Test kann als ein spezifisches psychologisches Experiment angesehen werden (Michel/Conrad 1982). Dieses dient der Erkundung und Beschreibung individueller psychischer Merkmale. Es besteht im Wesentlichen darin, dass unter standardisierten Bedingungen eine Verhaltensstichprobe eines Menschen erhoben wird, die einen wissenschaftlich begründeten Rückschluss auf den Ausprägungsgrad eines oder mehrerer Merkmale dieses Menschen gestattet.

Was heißt das nun? Bei einer IQ-Testung versucht man beispielsweise, die Bedingungen, unter denen der Test durchgeführt wird, für alle Testpersonen gleich zu halten. Dadurch soll die Vergleichbarkeit der Ergebnisse erreicht werden. Das weiter unten beschriebene Kriterium der *Objektivität* befasst sich mit diesem Problem. Bei einem IQ-Test interessiert nicht, wie gut einzelne Aufgaben zu lösen sind, sondern man will vielmehr etwas über ein nicht beobachtbares Konstrukt – die Intelligenz – herausfinden. Ob man guten Gewissens von der Güte der Aufgabenlösung in einem IQ-Test auf die Intelligenz der Testperson schließen kann, ist eine Frage der sogenannten *Validität*. Mit der Frage nach der Güte oder Genauigkeit der Messung des Ausprägungsgrades der Intelligenz beschäftigt sich die *Reliabilität*. Dies alles wird im weiteren Verlauf dieses Kapitels noch genauer behandelt werden. Vorher wollen wir aber noch eine formelle, klassische Definition eines Tests geben:

Definition

Ein Test ist „ein wissenschaftliches *Routineverfahren* zur Untersuchung eines oder mehrerer *empirisch abgrenzbarer Persönlichkeitsmerkmale* mit dem Ziel einer möglichst quantitativen Aussage über den *relativen Grad* der individuellen Merkmalsausprägung" (Lienert 1969, 7, eigene Hervorhebungen).

Diese Definition ist auch heute noch recht brauchbar (Rost 2004). Allerdings muss es beim Testen nicht immer um eine quantitative Aussage gehen. Ziel des Testens kann auch eine qualitative, d. h. *kategoriale Aussage* sein. So ist das Ziel vieler Intelligenztestungen nicht eine Aussage im Stil von „Testperson XY hat einen IQ von 116". Eine punktgenaue IQ-Berechnung täuscht ohnehin eine Messgenauigkeit vor, die nicht realistisch ist. Vielmehr stehen z. B. in einem psychologischen Gutachten Aussagen der Form „Testperson XY erreichte einen durchschnittlichen bis überdurchschnittlichen IQ" im Vordergrund, also kategoriale Aussagen (Westhoff / Kluck 2003).

Grundlagen der Testtheorie

Die Erläuterung einiger testtheoretischer Grundlagen in diesem Abschnitt soll auf einfache Art und Weise geschehen, weshalb wir auf jegliche Herleitung oder theoretische Einbettung verzichten. Wir beschränken uns in diesem Rahmen auch auf die Darstellung der sogenannten *klassischen Testtheorie (KTT)*. Daneben gibt es noch die probabilistische Testtheorie, die im englischen Sprachraum auch *Item Response Theory* genannt wird. Sie löst einige Probleme der KTT, bringt aber auch eigene Probleme mit sich. Da jedoch die Mehrheit der standardisierten Tests und Fragebögen nach der KTT konstruiert sind (Rost 2004), erscheint hier eine Einschränkung auf diese Theorie gerechtfertigt.

Wozu benötigt man nun eine Testtheorie? Bei einem Test will man, wie oben schon angedeutet, durch die Reaktion auf die Testaufgaben (Items), also durch die Antworten einer Testperson und ihr Verhalten in der Testsituation, ganz allgemein auf ein dem Verhalten zugrunde liegendes Personenmerkmal schließen. Dies ist bei IQ-Tests die Intelligenz einer Person, bei anderen Tests kann es aber z. B. auch das Interesse an einem bestimmten Gegenstand oder die Motivation einer Person sein. Für den Rückschluss von Verhalten auf Personenmerkmale ist nun eine Theorie – eine Testtheorie – sehr hilfreich, da sie mathematisch formulierte Regeln enthält, wie man mit den Testdaten bei diesem Rückschluss umgehen kann.

Die KTT macht nun zu diesem Zweck verschiedene Annahmen, die sich vorrangig auf die stets mit einem mehr oder weniger großen Messfehler behafteten Messwerte von Personen beziehen, weswegen sie von manchen Autoren auch als allgemeine Messfehlertheorie bezeichnet wird (Rost 2004). Wie lauten nun diese Annahmen?

- **Annahme 1:** Der beobachtete Messwert (x) einer Person in einem Test setzt sich aus dem konstanten „wahren" Wert (t von „true") und einem Messfehler (e von „error") zusammen: $x = t + e$
- **Annahme 2:** Der Erwartungswert der Fehler [E (e)] und die Summe der Fehler [$\sum$ (e)] sind null: $E(e) = \sum(e) = 0$
- **Annahme 3:** Fehlerwert und wahrer Wert korrelieren nicht systematisch miteinander: $r_{t,\,e} = 0$
- **Annahme 4:** Wahrer Wert und Fehlerwert von jeweils verschiedenen Tests (t_a, e_b) korrelieren nicht systematisch miteinander: $r_{t_a,\,e_b} = 0$
- **Annahme 5:** Die Fehlerwerte zweier unterschiedlicher Tests (e_a, e_b) korrelieren nicht systematisch miteinander: $r_{e_a,\,e_b} = 0$

Nachdem wir die formalen Annahmen aufgeführt haben, wollen wir in aller Kürze versuchen zu erklären, was damit gemeint ist. Da es in diesem Buch um Intelligenztests geht, geben wir die folgenden Erklärungen am Beispiel einer Intelligenzmessung. Die *erste Annahme* setzt voraus, dass es einen „wahren" Wert gibt. Jede Person hat demnach also einen wahren, eigentlichen Intelligenzwert. Dieser ist aber leider nicht direkt beobachtbar, und da nichts im Leben perfekt ist – auch kein Messinstrument – ist jeder Messversuch immer mit einem Fehler behaftet. Der Wert, den wir durch eine Intelligenztestung erhalten, ist also nach der KTT immer eine Summe aus dem wahren, eigentlichen Intelligenzwert und dem Fehler, der bei der Messung unweigerlich gemacht wird. Hier liegt eine Schwäche der KTT, denn sie geht nur von unsystematischen, also zufälligen, Fehlern aus (Bühner 2006). Systematische Messfehler, also solche, die in einer nicht zufälligen Beziehung zum Messgegenstand stehen, werden nicht berücksichtigt. Wenn man aber ausschließlich von unsystematischen Fehlern ausgeht, ergibt sich automatisch die *zweite Annahme*, zu deren Erklärung wir uns eines Gedankenexperiments bedienen: Wir testen dieselbe Person unendlich oft. In diesem Fall sollten sich alle gemachten Messfehler herausmitteln, denn bei manchen Messungen sollte der Messfehler zu einer Überschätzung des wahren Wertes führen, bei anderen Messungen hingegen zu einer Unterschätzung. Die Summe all dieser Messfehler sollte also null ergeben. Der Erwartungswert entspricht dem Mittelwert dieser Messfehlersumme und ist somit gleich null. Die *dritte Annahme* ergibt sich ebenfalls aus der ersten. Sie besagt, dass kein Zusammenhang zwischen dem Messfehler und dem wahren Wert einer Person, einer Population oder einer Teilpopulation besteht. Die *vierte Annahme* sagt nichts anderes aus, als dass der wahre Wert aus einem Test (z. B. einem Intelligenztest) nicht mit den Messfehlern zusammen hängt, die bei einem anderen Test gemacht werden (z. B. einem Leistungsmotivationstest). Der *fünften* und letzten *Annahme* zufolge hängen schließlich auch die Fehler von verschiedenen Testungen nicht systematisch miteinander zusammen – eine Annahme, die nach Steyer und Eid (1993) in der empirischen Anwendung aber durchaus falsch sein kann und damit einen weiteren Kritikpunkt an der KTT darstellt. Daneben gibt es noch andere Unzulänglichkeiten, die z. B. bei Grubitzsch (1999) nachgelesen werden können.

Neben den oben genannten Annahmen ist auch das Konzept der *Reliabilität* ein zentrales Bestimmungsstück der KTT. Was versteht man darunter? Es liegt auf der Hand, dass ein Messwert (IQ) und das ihm zugrunde liegende Messverfahren (IQ-Test) nur dann brauchbar sind, wenn der Messwert nicht ausschließlich aus Messfehlern besteht. Ziel sollte es vielmehr sein, dass die Fehlervarianz (↑ Varianz) gleich null ist. Im Optimalfall macht man also überhaupt keinen Fehler bei der Messung. Dieses Ziel ist wegen der Komplexität des Gegenstandsbereichs in der Psychologie aber kaum zu erreichen. Es geht vielmehr darum, den Messfehler zu minimieren. Die Reliabilität ist nun ein Maß zur Beschreibung, wie genau oder fehlerfrei ein Test misst. Mit Hilfe der Reliabilität kann man nicht nur abschätzen, wie zuverlässig der Test ist, sondern auch wie groß der Messfehler ist. Sie ist damit ein wichtiges *Maß zur Beurteilung der Güte eines Tests*. Neben der Reliabilität gibt es noch weitere sogenannte Gütekriterien. Auf diese werden wir in einem der nächsten Abschnitte näher eingehen. Zuvor beschreiben wir jedoch, wie man bei der Konstruktion eines Tests nach der KTT vorgehen kann.

Wie wird ein Test konstruiert?

Bei jeder Testkonstruktion sollte man sich zu allererst Gedanken darüber machen, wozu man überhaupt einen bestimmten Test entwickeln will. Zwei wichtige Gründe für die Entwicklung eines neuen Tests geben Moosbrugger und Rauch (2005b): Es darf entweder noch kein Verfahren für das interessierende Konstrukt zur Verfügung stehen, oder bereits bestehende Verfahren weisen gravierende Nachteile und Schwächen auf. Wenn beide Gründe für eine Neuentwicklung sprechen, kann man bei einer Testentwicklung nach verschiedenen Schritten vorgehen (vgl. Bühner 2006):

1. Analysieren der Problemstellung und der Anforderungen, die der Test erfüllen soll

2. Einlesen in die relevante Literatur und Sammeln von Informationen über das Konstrukt (z.B. Intelligenz)

3. Eingrenzen des zu untersuchenden Merkmals (z.B. fluide Intelligenz) und Entwickeln einer Arbeitsdefinition (was genau man im Test unter fluider Intelligenz verstehen wird)

4. Erstellen eines ersten Testentwurfs; dabei sollte man sich über folgende Punkte Gedanken machen:

- Für welche Zielgruppe entwickelt man den Test (z.B. Patienten, nicht-klinische Gruppen, Kinder, Erwachsene)?
- Wie möchte man etwas über das Merkmal in Erfahrung bringen? Über „subjektive" Informationsquellen (Selbst- und Fremdbeurteilungen) oder über „objektive" Methoden (z.B. Bearbeitung von Testaufgaben mit Richtig-Falsch-Antworten)? Letztere wählt man gewöhnlich bei IQ-Tests.
- Welchem Zweck soll der Test dienen? Soll er Gruppen voneinander trennen (z.B. Hochbegabte von durchschnittlich Begabten)? Oder soll er verschiedene Eigenschaften, Fähigkeiten oder Fertigkeiten beschreiben können (z.B. verschiedene Facetten der Intelligenz)?
- Welche Fragen- oder Aufgabentypen und welches Antwortformat soll der Test enthalten?

5. Prüfen des ersten Testentwurfs an einer ausreichend großen Personenstichprobe, indem jedes Item danach bewertet wird, inwieweit es bestimmten statistischen Kriterien genügt (z.B. ↑ Normalverteilung, ↑ Schwierigkeit, ↑ Trennschärfe; Lienert / Raatz 1998)

6. Eliminierung derjenigen Items, die den Kriterien nicht genügen, aus dem ersten Testentwurf

7. Bestimmung der drei Hauptgütekriterien des Tests: Objektivität, Reliabilität, Validität

Nachdem der Testentwurf alle Schritte durchlaufen hat, sollte er bewertet und erneut einer psychometrischen Prüfung unterzogen werden. Dabei ist besonders darauf zu achten, dass der Test an der Stichprobe von Personen evaluiert wird, für die er später eingesetzt wird. Ganz am Ende der Testkonstruktion findet schließlich die Normierung des Tests statt. Auf dieses Nebengütekriterium gehen wir am Ende des nächsten Kapitels ausführlicher ein.

Testgütekriterien, Standards und Systeme zur Beurteilung der Qualität von Tests

Wenn man in der Praxis eine Intelligenzdiagnostik vornehmen will, steht man zunächst vor der Frage, welches Verfahren man einsetzen soll. Wie geht man in diesem Falle vor? Sogenannte Testgütekriterien geben wichtige Hinweise, die man bei der Verfahrensauswahl berücksichtigen sollte. Denn sie geben Aufschluss darüber, ob es sich bei dem Verfahren um ein wissenschaftlich vertretbares Instrument handelt und ob eine Testperson damit angemessen und objektiv untersucht werden kann (Kubinger / Proyer 2005a). Lienert und Raatz (1998) unterteilen die Testgütekriterien in *Haupt- und Nebengütekriterien*. Zu ersteren zählen *Objektivität*, *Reliabilität* und *Validität*. Zu letzteren zählen *Normierung, Vergleichbarkeit, Ökonomie* und *Nützlichkeit*. Die ↑ DIN 33430 ergänzt diese Zusammenschau um Testfairness, Zumutbarkeit, Skalierung und Unverfälschbarkeit (Westhoff et al. 2005). Was versteht man nun unter diesen Begriffen?

Definition

Objektivität: Darunter versteht man den Grad, in dem die Ergebnisse unabhängig vom Untersuchenden sind (Lienert / Raatz 1998).

Die DIN 33430 geht noch weiter und versteht darunter den Grad, in dem die Ergebnisse von *jeglichen* Einflüssen außerhalb der untersuchten Person unabhängig sind. Die Objektivität wird meist noch weiter differenziert: Die *Durchführungsobjektivität* gibt an, inwieweit die Ergebnisse unabhängig vom Verhalten des Untersuchenden in der Testsituation sind. Sie ist umso größer, je standardisierter das Vorgehen in der Testung ist, und je weniger Interaktion zwischen Testleiter und Testperson besteht. Die *Auswertungsobjektivität* soll gewährleisten, dass verschiedene Auswerter bei ein und derselben Testperson zu gleichen numerischen Ergebnissen kommen. Je weniger Freiräume dem Auswertenden bei der Bewertung des Testverhaltens bleiben, desto größer ist die Auswertungsobjektivität. Die *Interpretationsobjektivität* gibt schließlich die Unabhängigkeit der Interpretation des Testergebnisses von der Person an, welcher die Testergebnisse vorliegen.

Das nächste Gütekriterium haben wir schon im Zuge der Ausführungen zur KTT angeschnitten – die Reliabilität.

Definition

Reliabilität: Sie gibt den Grad der Genauigkeit an, mit dem der Test ein bestimmtes Persönlichkeits- oder Verhaltensmerkmal (z. B. Intelligenz) misst – unabhängig davon, ob der Test dieses Merkmal auch tatsächlich messen soll oder es nur zufällig erfasst (Lienert / Raatz 1998).

Weiter oben haben wir als erste Annahme der KTT erfahren, dass sich der Messwert einer Person x aus dem wahren Wert t dieser Person und einem Messfehler e zusammensetzt (x = t + e). Würde nun ein Test im optimalen Fall die wahren Werte ohne Fehler erfassen, so entsprächen die Messwerte allein den wahren Werten. Die Reliabilität wäre perfekt und erhielte den Wert 1. Falls allerdings der Test die wahren Werte gar nicht und nur Messfehler abbilden würde, so wäre die Reliabilität gleich null. Die Reliabilität (r_{tt}) kann also Werte zwischen 0 und 1 annehmen und ist definiert als Verhältnis der ↑ Varianz der wahren Werte zur Varianz der Messwerte, also:

$$r_{tt} = \frac{Var(t)}{Var(t + e)} = \frac{Var(t)}{Var(x)}$$

Da wahre Werte und Fehlerwerte nicht direkt ermittelt werden können, wird die Reliabilität eines Tests über unterschiedliche Vorgehensweisen abgeschätzt. Es gibt damit nicht *die* Reliabilität, sondern verschiedene, welche durch unterschiedliche Methoden zur Abschätzung der Reliabilität zustande kommen. Dabei sei aber gleich vorweg genommen, dass sich eine Frage nach der „besten" Schätzmethode in dieser Form generell verbietet (Michel / Conrad 1982). Vielmehr sollte man sich fragen, welche Methode überhaupt *im speziellen Fall* angewandt werden kann und welche Methode für den speziellen Verwendungszweck des Verfahrens die nützlichsten Informationen liefert.

Bei der *Paralleltest-Reliabilität* werden den gleichen Testpersonen zwei streng vergleichbare Tests (Paralleltests) vorgegeben. Das heißt, beide Tests sind sich in bestimmten Kriterien (z. B. Schwierigkeit oder Trennschärfe der jeweiligen Items) sehr ähnlich. Im Anschluss bestimmt man durch die Korrelation dieser beiden Testungen den Reliabilitätskoeffizienten. Der Koeffizient sollte bei Intelligenztests Werte von $r_{tt} \geq .80$ erreichen (Holling et al. 2004). Der Weg der Reliabilitätsschätzung über die Paralleltestmethode hat den Vorteil, dass dabei Gedächtnis- und Erinnerungseffekte verringert werden, die sonst die Schätzung verfälschen könnten, da ja andere Testaufgaben bearbeitet werden. Das große Problem dieser Schätzmethode ist allerdings, dass es sehr aufwendig, wenn nicht sogar unmöglich ist, wirklich parallele Testverfahren zu entwickeln.

Dieses Problem stellt sich bei der Schätzmethode nach der *Retest-Reliabilität* nicht. Hier gibt man denselben Testpersonen einfach den gleichen Test nach einem Zeitintervall von verschiedener Länge (z. B. sechs Monate oder ein Jahr) ein zweites Mal vor. Der Reliabilitätskoeffizient wird wieder durch die Korrelation der beiden Testungen bestimmt. Nach Moosbrugger und Rauch (2005a, 182) ist „der Grundgedanke dieses Verfahrens [...], dass sich bei einem perfekt reliablen Verfahren, also einem Verfahren ohne Messfehler, bei der Wiederholungsmessung genau der gleiche Testwert ergeben sollte. Wenn sich aber doch Unterschiede zwischen den beiden Messungen ergeben, dann gehen diese Unterschiede auf den Messfehler zurück". Die Retest-Reliabilität macht wichtige Aussagen über die zeitliche Stabilität einer Messung. Bei (Erwachsenen-)Intelligenztests sollte sie relativ hoch sein, da man der Intelligenz im Erwachsenenalter eine hohe Stabilität zuschreibt (Lindenberger 2000; Abschnitt „Intelligenz im Lebenslauf", Kapitel 1). Daher sollte bei Intelligenztests auch die Retest-Reliabilität Werte von $r_{tt} \geq .80$ aufweisen. Hierbei ist allerdings zu beachten, dass hohe Stabilität im Sinne einer hohen Retest-Reliabilität nicht zwangsläufig bedeuten muss, dass sich die Werte nicht verändern. Denn die Retest-Reliabilität bezieht sich nur auf die Stabilität der Rangreihe der Messwerte der einzelnen Personen aus der zugrunde liegenden Stichprobe. Bei der Retest-Reliabilität ist weiterhin zu beachten, dass sie unter bestimmten Vorraussetzungen unterschätzt wird (Moosbrugger / Rauch 2005a). Dies ist beispielsweise dann der Fall, wenn interindividuell unterschiedlich verlaufende Reifungs-, Alterungs- oder Lernprozesse dafür sorgen, dass das erhobene Merkmal zeitlich nicht stabil ist. Andererseits kann es auch zu einer Überschätzung der Retest-Reliabilität kommen, wenn die zweite Messung durch Erinnerung an die erste Bearbeitung des Tests beeinflusst wird. Daher gibt es auch keine allgemeine Empfehlung für die optimale Länge des Zeitintervalls zwischen erster und zweiter Messung. Man sollte aber zum einen noch von einer hinreichenden Stabilität des Merkmals ausgehen können, zum anderen sollten Erinnerungseinflüsse die Reliabilitätsschätzung nicht mehr verfälschen können (Moosbrugger / Rauch 2005a).

Eine weitere Schätzung der Reliabilität eines Tests erfolgt über die Bestimmung der *inneren Konsistenz* eines Tests. Diese kann man über verschiedene Methoden abschätzen (Lienert / Raatz 1998): Über die Methode der Testhalbierung oder über die Konsistenzanalyse. Bei beiden Methoden wird einer Personenstichprobe ein Test vorgegeben, und zwar nur ein einziges Mal. Bei der Testhalbierungsmethode wird dann der Test in zwei gleichwertige Teile aufgeteilt und für jede Testhälfte das Testergebnis ermittelt. Anschließend werden die beiden Testergebnisse miteinander korreliert und der so ermittelte Koeffizient durch Einsetzen in bestimmte Formeln so aufgewertet, dass er für den ganzen Test gelten kann (und nicht nur für eine Testhälfte); das Resultat dieser Prozedur stellt die *Testhalbierungsreliabilität* dar. Problematisch an dieser Methode ist allerdings, dass die Reliabilität unterschätzt wird, wenn die zwei Testhälften nicht hinreichend parallel sind (Moosbrugger / Rauch 2005a). Bei der *Konsistenzanalyse* wird der Test dagegen in so viele Teile aufgeteilt, wie er einzelne Testaufgaben bzw. Items hat. Das Prinzip der Testhalbierungsmethode wird hier also einfach auf alle Testitems ausgedehnt. Durch bestimmte Formeln kann dann wieder ein Koeffizient (z. B. das sog. ↑ Cronbachs α) für den gesamten Test ermittelt werden. Die innere Konsistenz eines Tests macht insgesamt wichtige Aussagen darüber, wie fehleranfällig eine Testung zu einem bestimmten Zeitpunkt ist, das heißt, wie präzise eine Messung des Merkmals zu einem bestimmten Zeitpunkt ablaufen kann. Sie sollte bei Intelligenztests Werte von $r_{tt} \geq .85$ aufweisen (Holling et al. 2004).

An dieser Stelle möchten wir eine Aussage von Guilford (1946 432; zit. nach Michel / Conrad 1982, 53–54) zitieren: „Relativ zu viel Aufmerksamkeit wird der Reliabilität und zu wenig der Validität geschenkt (…). Eine hohe Reliabilität sollte nie als selbständiges Ziel erstrebt werden. Sie ist nur insoweit wichtig, als sie zur Validität beiträgt". Kommen wir daher nun zum letzten und wichtigsten Hauptgütekriterium – zur Validität.

> **Definition**
>
> **Validität: Sie gibt den Grad der Genauigkeit eines Tests an, mit dem er dasjenige Persönlichkeitsmerkmal oder diejenige Verhaltensweise misst, das (die) er messen soll bzw. vorgibt zu messen (Lienert / Raatz 1998).**

Ein Intelligenztest ist demnach nur dann valide, wenn er auch tatsächlich Intelligenz misst. Damit ist die Validität eines Verfahrens offensichtlich enorm wichtig. Dennoch ist es nach wie vor das Gütekriterium, welches am schwierigsten zu prüfen ist (Kubinger 2006). Gewöhnlich werden bei der Validität folgende drei Aspekte betrachtet: Die Inhaltsvalidität, die Konstruktvalidität und die Kriteriumsvalidität. Bei der *Inhaltsvalidität* liegt nach Fisseni (1997) ein Repräsentationsschluss vor. Das heißt, dass alle Aufgaben eines IQ-Tests zusammengenommen das Konstrukt Intelligenz bzw. den jeweils anvisierten Ausschnitt des Konstruktes (z. B. verbale Fähigkeiten) repräsentativ erfassen sollen. Das ist sowohl schwer zu erreichen als auch schwer zu prüfen. Um eine hinreichende Inhaltsvalidität zu belegen, greift man meist auf Experten-

Ratings zurück. Wobei man sich natürlich darüber streiten kann, wer als Experte gelten darf, und ob eine Expertenmeinung tatsächlich höher zu bewerten ist als die entsprechende Laienkonzeption. So fassen beispielsweise Laien, befragt man sie nach ihren Vorstellungen über Intelligenz, das Konstrukt in der Regel breiter und facettenreicher auf als das Experten in ihren expliziten Intelligenztheorien tun (Rösing 2004, Sternberg 1985). Gerade weil die Inhaltsvalidität so schwer zu fassen ist, sollte sich jeder Testanwender kritisch fragen, ob der ihm vorliegende Test wirklich dazu geeignet ist, das interessierende Konstrukt zu erfassen.

Bei der *Konstruktvalidität* wird das interessierende Merkmal (Intelligenz) bzw. dessen Indikator (IQ-Testwert) in ein sogenanntes ↑ nomologisches Netzwerk aus theoretisch verwandten Konstrukten (z.B. andere Intelligenztests, Schulleistungen etc.) oder theoretisch entfernten Konstrukten (z.B. Motivationstests) eingebettet (Fisseni 1997). Methoden der Konstruktvalidierung sind der klassische Ansatz über die ↑ Faktorenanalyse, der berühmt gewordene Ansatz der multitrait-multimethod Matrix von Campbell und Fiske (1959) und nicht-korrelative Ansätze (Kubinger 2006). Auf diese Ansätze kann hier im Einzelnen nicht eingegangen werden. Sie werden aber in verschiedenen Lehrbüchern behandelt (z.B. Fisseni 1997, Kubinger 2006, Schermelleh-Engel/ Schweizer 2003).

Schließlich sei noch die *Kriteriumsvalidität* genannt. Sie zielt auf die Korrelation eines Tests mit einem als relevant erachteten Außenkriterium ab (z.B. Schulnoten, Berufserfolg etc.). Daher spricht man auch von einem Korrelationsschluss (Fisseni 1997). Falls dieser Kriteriumswert nahezu zeitgleich zum Testwert erhoben wird, spricht man von *Übereinstimmungsvalidität* (konkurrente Validität). Falls das Kriterium erst in der Zukunft erhoben wird, spricht man von *Vorhersagevalidität* (prognostische oder prädiktive Validität). In diesem Fall wird die Intelligenz zu Zwecken der Vorhersage herangezogen. Sie ist also ein sogenannter Prädiktor. Viele Intelligenztests, die im frühen Jugendalter durchgeführt werden, können z.B. die spätere Abiturnote relativ gut vorhersagen. Dies ist ein Beleg für die Vorhersagevalidität dieser Tests. Wichtig ist auch die inkrementelle Validität, die den Beitrag eines Tests zur Verbesserung der Vorhersage eines Kriteriums über einen anderen Test hinaus aufzeigt (z.B. Welchen Beitrag leistet ein Kreativitätstest zusätzlich zu einem Intelligenztest zur Vorhersage von Schulnoten?).

An dieser Stelle sollte klar geworden sein, dass auch hier eine Frage nach *der* Validität eines Tests keinen Sinn macht. Erstens gibt es, wie wir gesehen haben, verschiedene Validitätsaspekte. Zum anderen sollte man sich bei der Bewertung der Validität immer die Frage stellen: Valide wofür? Denn auch ein Test mit relativ geringer Validität (z. B. im Sinne einer niedrigen Korrelation mit einem Kriterium) kann für praktische Zwecke höchst geeignet sein (Amelang/Zielinski 2004, Michel/Conrad 1982).

Die bis hierhin vorgestellten Gütekriterien der Objektivität, Reliabilität und Validität sind im Übrigen nicht unabhängig voneinander. Bei fehlender Objektivität ist die Wahrscheinlichkeit gering, dass der Test eine gute Reliabilität erreicht. Ferner gilt, dass ein Test (theoretisch) nicht valider sein kann als er reliabel ist; ist ein Test dagegen valide, dann ist er meist auch reliabel und objektiv (Lienert/Raatz 1998). Das Streben nach einer hohen Reliabilität kann jedoch auch im Widerspruch zum Ziel einer hohen Validität stehen. Wie ist das zu verstehen? Testverfahren sind aus Gründen der Ökonomie und Zumutbarkeit immer in ihrem Umfang begrenzt. Will man nun das komplexe Konstrukt der Intelligenz in möglichst vielen seiner Facetten erfassen, so geht dies zu Lasten der Genauigkeit (Reliabilität) der Messung der einzelnen Facetten. Denn die Itemanzahl pro Facette ist natürlich begrenzt, und mit steigender Itemanzahl wächst in der Regel die Messgenauigkeit. Wollte man nun die Messgenauigkeit durch mehr Items pro Facette erhöhen, so könnte man nur wenige Intelligenzfacetten erfassen und damit das komplexe Konstrukt der Intelligenz weniger breit und damit valide abbilden. Viele Intelligenztests versuchen dieses Problem dadurch zu lösen, dass sie als Testbatterien aufgebaut sind. Das heißt, sie bestehen aus mehreren Teilen (Subtests, Skalen), die für sich genommen eine reliable, allerdings für das breite Konstrukt der Intelligenz wenig valide Messung zulassen (dafür jedoch für Teilkomponenten). Fasst man aber diese reliablen Einzelteile zusammen, ermöglichen sie insgesamt eine valide Erfassung eines komplexen Konstrukts (Lienert/Raatz 1998).

Zum Abschluss dieses Abschnitts gehen wir nun noch auf die Normierung als ein wichtiges Nebengütekriterium ein. Informationen zu anderen Nebengütekriterien können unter anderem sehr gut bei Kubinger (2003) nachgelesen werden.

Definition

Normierung (Eichung): Hierunter versteht man das Erstellen eines Bezugssystems, um die Testergebnisse einer einzelnen Person im Vergleich zu den Ergebnissen anderer Personen einordnen zu können (Westhoff et al. 2005).

Die Testnormierung ermöglicht somit, aus den Antworten einer Person eine Zahl zu errechnen (z. B. den IQ), die das Verhältnis des individuellen Ergebnisses zu den Ergebnissen einer Bezugsstichprobe zum Ausdruck bringt. Durch die Normierung eines Tests wird also ein numerisches Bezugssystem erstellt, mit dem individuelle Testwerte mit den Werten einer Referenzgruppe verglichen werden können (Holling et al. 2004). Wie andere Testverfahren auch sollte ein Intelligenztest bestimmte Normierungskriterien erfüllen (Kubinger 2006). Dies ist dann der Fall, wenn (1.) seine ↑ Normen nicht veraltet sind, (2.) die Population, für die die Normen gelten, definiert ist und (3.) die für die Erstellung der Norm herangezogene Stichprobe repräsentativ ist. Zum ersten Punkt führen Westhoff et al. (2005) an, dass die Gültigkeit der Normwerte bei jeder Überarbeitung des Testmaterials, spätestens jedoch nach acht Jahren zu überprüfen ist. Diese Forderung bleibt in der Praxis jedoch leider oft unerfüllt, obwohl gerade bei Intelligenztests der sogenannte *Flynn-Effekt* eine regelmäßige Überprüfung der Normen dringend nahe legt. Flynn (1987) konnte nämlich in verschiedenen Ländern einen Anstieg der IQ-Werte über die Zeit feststellen: Seit dem Einsatz von Intelligenztests steigt der IQ pro Generation, je nach betrachteter Fähigkeit, alle zehn Jahre um drei bis sieben IQ-Punkte. Bislang ist nicht geklärt, welche Faktoren den Flynn-Effekt bedingen. Es werden zwar soziologische und kulturelle Ursachen vermutet, die genauen Ursachen des Flynn-Effekts sind bisher jedoch noch unbekannt (Holling et al. 2004).

Was den zweiten und dritten der oben genannten Punkte anbelangt, die Definition der Zielpopulation und die Repräsentativität der ↑ Normstichprobe, so gilt hier das gleiche wie bei der Beurteilung der Validität. Man sollte sich die Frage stellen: Repräsentativ wofür? Ein IQ-Test für Kinder muss z. B. nicht repräsentativ für die gesamte Bevölkerung sein, wohl aber für die Population der Kinder.

Durchführung und Auswertung psychometrischer Tests

Um einen psychometrischen Test und besonders einen IQ-Test fachgerecht durchführen und vor allem auch auswerten sowie interpretieren zu können, bedarf es meist der Qualifikation eines Diplom-Psychologen. Auch dieser muss sich vor einer Erstdurchführung sehr genau und kritisch mit dem jeweiligen Testhandbuch auseinandersetzen. Zusätzlich wird in den meisten Testhandbüchern ein mehrmaliges „Üben" an „Probetestpersonen" gefordert. Dieses Üben dient dazu, sich mit den jeweiligen Testanweisungen und speziellen Verhaltensvorschriften während der Testung vertraut zu machen. Denn eine IQ-Testung sollte in einer positiven und leistungsfördernden Atmosphäre und gleichzeitig in einem hoch standardisierten Setting stattfinden. Nur wenn der Testleiter mit dem Vorgehen sehr vertraut ist, hat er bei der Testdurchführung noch Aufmerksamkeitsressourcen für eine Beobachtung des Verhaltens der Testperson frei, welches ebenfalls sehr wichtige Hinweise für die fachgerechte Testinterpretation gibt.

In der Praxis der Testdurchführung kommt es jedoch auch vor, dass der Testleiter von den Durchführungsvorschriften des Handbuchs abweicht. Je nach Fragestellung oder Ziel der Testung ist dies sogar zwingend notwendig. Der Testleiter sollte sich dann aber genau darüber im Klaren sein, in welchen Punkten und warum er von dem standardisierten Vorgehen abweicht. Verläuft die Testung anders als im Testhandbuch vorgeschrieben, kann man die Testergebnisse gewöhnlich nicht mehr mit der vorgesehen Normstichprobe vergleichen (Westhoff 2005).

Bei der fachgerechten Auswertung eines IQ-Tests sind ebenfalls verschiedene Punkte zu beachten. Zunächst einmal muss man bei der Einordnung eines IQ-Wertes bedenken, dass dieser immer mit einem gewissen Messfehler behaftet ist. Außerdem ist es wichtig, sich zu vergegenwärtigen, dass der gemessene Wert nie mit dem wahren Wert gleichzusetzen ist (siehe den Abschnitt „Grundlagen der Testtheorie"). Insofern stellt ein gemessener IQ-Wert immer nur eine Annäherung an den tatsächlichen wahren IQ-Wert einer Person dar. Mit Hilfe der Reliabilität des Tests kann man nun ein sogenanntes *Konfidenz- oder Vertrauensintervall* berechnen – einen Bereich um den gemessenen IQ-Wert herum, der mit einer Sicherheit von zumeist 95 % oder 99 % den wahren Wert der Testperson enthält (siehe hierzu auch Holling et al. 2004, die einen guten Exkurs zur Interpretation und Darstellung von Vertrauensintervallen geben).

Zur Berechnung des Vertrauensintervalls kann man grundsätzlich zwischen zwei verschiedenen Methoden wählen (Conrad 1995): Zum einen kann man davon ausgehen, dass der gemessene IQ-Wert einer Person schon eine gute Schätzung des wahren Wertes ist *(Äquivalenzhypothese)*. Im Gegensatz dazu geht man bei der zweiten möglichen Methode davon aus, dass der wahre Wert des Probanden erst aus dem beobachteten IQ-Wert geschätzt werden muss *(Regressionshypothese)*.

Diese zwei unterschiedlichen Hypothesen führen zu zwei unterschiedlichen Formeln zur Berechnung des Vertrauensintervalls. Bei der

Äquivalenzhypothese geht in die Formel der sogenannte Standardmessfehler (SE_x) ein. Er errechnet sich über: $SE_x = S_x \cdot \sqrt{1 - r_{tt}}$

Dabei ist S_x die ↑ Standardabweichung des Tests (bei IQ-Tests meistens 15, da „IQ-Normen" einen Mittelwert von 100 und eine Streuung von 15 haben; die meisten IQ-Tests sind, wie auch schon die Begriffe vermuten lassen, IQ-normiert) und r_{tt} die Reliabilität des Tests. Man kann sich den Standardmessfehler mit Hilfe eines Denkexperiments verbildlichen: Würde man dieselbe Person (mit immer demselben wahren IQ-Wert) unter exakt denselben Bedingungen immer wieder mit demselben Test testen, so bekäme man wegen der Messungenauigkeit (Unreliabilität) des Verfahrens jeweils einen leicht anderen Wert als den wahren Wert heraus. Die Messwerte streuen also um den wahren Wert. Der Standardmessfehler ist ein Maß für eben diese Streuung. Unter der Äquivalenzhypothese nimmt man nun den gemessenen Wert als Schätzer für den wahren Wert und legt um diesen mit Hilfe des Standardmessfehlers SE_x und mit Hilfe eines Wertes z, der den gewählten Sicherheitsbereich beschreibt, ein Vertrauensintervall VI. Ist man beispielsweise an einem Intervall interessiert, das (bei zweiseitiger Testung; s. u.) mit einer Sicherheit von 95 % den wahren Wert enthält, muss man für z den Wert 1.96 einsetzen (bei einer Sicherheit von 99 % den Wert 2.58): $VI = X_i \pm SE_x \cdot z$.

Bei der Regressionshypothese geht man hingegen davon aus, dass der gemessene Wert noch keine ausreichend gute Schätzung für den wahren Wert ist, sondern dass dieser erst durch eine Formel geschätzt werden muss. In diese Formel gehen neben der Reliabilität r_{tt} des Tests auch der gemessene Wert X_i und der Populationsmittelwert M (bei IQ-Tests ist dieser meist 100) zur Berechnung des geschätzten Wertes X'_i ein: $X'_i = r_{tt} \cdot X_i + M \cdot (1 - r_{tt})$

Bei der Berechnung des Vertrauensintervalls benötigt man nun nicht mehr den Standardmessfehler, sondern den Standardschätzfehler SE_T, da man ja eine extra Schätzung des wahren Wertes vornimmt. Auch hier fließen wieder die Streuung S_x und die Reliabilität r_{tt} des Tests in die Formel ein: $SE_T = S_x \cdot \sqrt{r_{tt} \cdot (1 - r_{tt})}$

Mit dem Standardschätzfehler SE_T lässt sich nun wieder ein Vertrauensbereich um den erst geschätzten Wert X'_i legen. Der gewählte Sicherheitsbereich wird wieder durch z gekennzeichnet: $VI = X'_i \pm SE_T \cdot z$.

An den Formeln kann man leicht erkennen, dass verschiedene Parameter die Breite des Vertrauensintervalls beeinflussen. Generell gilt, dass nach der Äquivalenzhypothese gebildete Intervalle breiter sind als diejenigen, die unter Annahme der Regressionshypothese gebildet wurden (Huber 1973). Zum anderen hängt die Breite des Vertrauensintervalls auch von der gewählten Sicherheitswahrscheinlichkeit ab (je höher man diese wählt, desto größer wird auch der z-Wert werden und desto breiter wird das Vertrauensintervall). Der Diagnostiker muss sich außerdem bei der Wahl des z-Wertes im Klaren darüber sein, ob er eine einseitige (spezifische, gerichtete Frage; z. B. „Hat ein auffallend guter Schüler einen IQ von über 130?") oder eine zweiseitige (globale, ungerichtete) Fragestellung mit Hilfe des Tests untersuchen will (z. B. „Liegt bei einem Kind in der Schule eine Über- oder eine Unterforderung vor?"). Der Vorteil einer einseitigen Fragestellung ist der, dass man bei gleichbleibend hoher Sicherheit den z-Wert halbieren kann. In der Praxis wird bis auf wenige Ausnahmen aber meist eine zweiseitige Fragestellung vorliegen. Schließlich spielt auch die Auswahl des Reliabilitätskoeffizienten für die Breite des Vertrauensintervalls eine erhebliche Rolle. Obwohl sich bei Betrachtung der oben genannten Formeln die Frage geradezu aufdrängt, welche der unterschiedlichen Reliabilitätsarten man zur Berechnung wählen soll, wird man dabei von den gängigen Lehrbüchern zur psychologischen Diagnostik (z. B. Amelang / Zielinski 2004, Fisseni 1997, Kubinger 2006) eher allein gelassen. Wie soll man seine Wahl nun treffen? Bühner (2006) weist darauf hin, dass man unbedingt den Koeffizienten verwenden soll, der anhand der Stichprobe ermittelt wurde, die als Vergleich zur Einordnung der Testperson verwendet wird. Er und Huber (1973) sind sich außerdem darin einig, dass die Wahl des geeigneten Koeffizienten auch entscheidend von der zugrunde liegenden Fragestellung abhängt. Bei Prognosen sollte die Retest-Reliabilität gewählt werden, denn sie ist ein Maß für die Stabilität eines Merkmals. Interessiert dagegen lediglich der momentane Status, so ist die innere Konsistenz die Schätzmethode der Wahl. Sie sollte auch dann gewählt werden, wenn es um die Beurteilung von Diskrepanzen zwischen Unterskalen eines Tests bei einer Person oder um Leistungsunterschiede zwischen Personen geht.

Ging es also in den bisherigen Betrachtungen um die Frage: „In welchem Bereich liegt der wahre IQ-Wert einer Person?" so geht es nun darum, zu beurteilen, ob sich die Leistungen einer Testperson in zwei Untertests (z. B. im Verbalteil und im Handlungsteil des HAWIK-III; siehe Kapitel 4) oder zwei Tests unterscheiden bzw. ob sich zwei Personen in ihrem IQ unterscheiden. Zur Beantwortung der ersten Frage wird die sogenannte *intraindividuelle kritische Differenz* berechnet. Zur Beantwortung der zweiten Frage benutzt man die *interindividuelle kritische Differenz* (Bühner 2006). Generell gilt bei kritischen Differenzen, dass von einem bedeutsamen Unterschied ausgegangen werden kann, wenn die gemessene Differenz größer ist als die kritische (durch die Formeln errechnete).

Betrachten wir zunächst die intraindividuelle kritische Differenz $D_{krit.intra}$, also die Differenz für zwei Testwerte *einer Testperson*. Sie lässt sich wie folgt berechnen:

Äquivalenzhypothese: $D_{krit.intra} = z \cdot S_x \sqrt{2 - (r_{tt1} + r_{tt2})}$

Regressionshypothese: $D_{krit.intra} = z \cdot S_x \sqrt{1 - r^2_{12}}$

In die Formeln gehen die Reliabilität r_{tt1} von Test 1 und Test 2 (r_{tt2}), die quadrierte Korrelation r^2_{12} zwischen Test 1 und Test 2, die Standardabweichung S_x der Tests sowie der z-Wert für den gewählten Sicherheitsbereich ein. Bei der Formelanwendung muss man folgende Voraussetzungen beachten (Bühner 2006): Die beiden unterschiedlichen (Unter-) Tests müssen gleiche Normwerte (z. B. beides IQ-Normen) besitzen. Außerdem müssen die Standardabweichungen der Tests gleich sein. Beides ist bei IQ-Tests in der Regel der Fall.

> **Kernaussage**
>
> **Äquivalenz- und Regressionshypothese liefern unterschiedliche Interpretationen der kritischen Differenz (Huber 1973). Erstere prüft, ob Unterschiede in den Testleistungen auf die Mess(un)genauigkeit der Tests zurückzuführen sind (statistische Bedeutsamkeit der Differenz). Die Regressionshypothese prüft im Gegensatz dazu, ob diese Differenz noch im Bereich der Norm liegt, oder ob sie bereits als auffällig zu werten ist (psychologische Bedeutsamkeit der Differenz).**

Man beurteilt eine gefundene Messdifferenz also mit Hilfe der Wahrscheinlichkeit, mit welcher ein solcher Unterschied in der Eichpopulation zu erwarten ist (Bühner 2006 gibt eine verständliche Darstellung einer messfehlerkritischen (Äquivalenzhypothese) und schätzfehlerkritischen Analyse (Regressionshypothese) von Testwertdifferenzen).

Schließlich wollen wir uns zum Abschluss noch der zweiten Fragestellung zuwenden: Wie prüfe ich, ob sich *zwei Personen* in ihrem Testwert (z. B. IQ) unterscheiden? Dies kann mit folgender Formel bewerkstelligt werden, die eine kritische Differenz für den Unterschied zweier Testwerte von zwei verschiedenen Testpersonen liefert. Dabei steht S_x wieder für die Standardabweichung des Tests und r_{tt} für die Reliabilität des Tests: $D_{krit.inter} = z \cdot S_x \sqrt{2 \cdot (1 - r_{tt})}$

Literatur

Viele einschlägige Diagnostiklehrbücher geben eine ausführlichere Beschreibung der Testgütekriterien. Eine solche, zudem gut lesbare Beschreibung mit zusätzlich interessanten Randbemerkungen gibt unter anderem das Buch von **Kubinger (2006).**

Einführung in die Test- und Fragebogenkonstruktion (Bühner 2006).

Verständliche Einführung in die Klassische Testtheorie sowie eine sehr verständliche Abhandlung über das Reliabilitätskonzept in der psychometrischen Einzelfalldiagnostik.

Testaufbau und Testanalyse (Lienert / Raatz 1998).

Standardwerk zu Testkonstruktion. Für Einsteiger und Fortgeschrittene gleichermaßen gewinnbringend zu lesen.

Testtheorie – Testpraxis: Psychologische Tests und Prüfverfahren im kritischen Überblick (Grubitzsch 1999).

Kritische Auseinandersetzung mit Testtheorie und Testpraxis. Das Buch kann viele gute Denkanstöße geben, um sich vor den Gefahren allzu leichtfertiger Testinterpretation zu schützen.

Lehrbuch Testtheorie, Testkonstruktion (Rost 2004).

Eine detailliertere Darstellung von Testtheorien.

Intelligenztests – Geschichte, Anwendungsmöglichkeiten und Korrelate

3

Nachdem wir uns im vorangehenden Kapitel ausführlich mit psychometrischen Tests im Allgemeinen beschäftigt haben, geht es nun um IQ-Tests im Besonderen. Zunächst geben wir einen Einblick in die Geschichte der Intelligenztestung. Anschließend beschreiben wir, wie sich der heute verwendete IQ entwickelt hat und geben grundlegende Informationen dazu, wie IQs zu verstehen und einzuordnen sind. Im nächsten Abschnitt geht es dann darum, was Intelligenztests tatsächlich leisten und was nicht. Diese Informationen werden abschließend durch die Darstellung der Zusammenhänge zwischen Leistungskriterien aus dem Bildungs- und Berufsbereich und Intelligenztestergebnissen ergänzt. Zudem wird es kurz darum gehen, wie Intelligenz mit weiteren Merkmalen der Persönlichkeit und des Verhaltens korreliert.

Geschichte der Intelligenztestung

Die *Messung der Intelligenz* stand am Anfang der Intelligenzforschung im Vordergrund. Es ging vor allem darum, geeignete Methoden und Verfahren zu finden, mit denen Intelligenzunterschiede zwischen Personen erfasst werden konnten, und weniger darum, Intelligenztheorien zu bilden. Mit der Weiterentwicklung der Messmethoden und vor allem auch der Methoden der Datenanalyse (wie z.B. der ↑ Faktorenanalyse) ging dann auch die Theoriebildung voran. Im Folgenden stellen wir einige Forscher vor, deren Werk die Geschichte der Intelligenztestung maßgeblich beeinflusst hat. Unsere Auswahl ist dabei natürlich nicht erschöpfend.

Sir Francis Galton (1822 – 1911): Der Engländer Galton war ein Halbcousin Charles Darwins und teilte dessen evolutionstheoretische Ideen. Er stellte die Hypothesen auf, dass Menschen sich in ihrer Intelligenz unterscheiden und dass diese Unterschiede eine erbliche Grundlage haben. Diese Ideen begründete er, unter anderem in seinem 1869 veröffentlichten Buch „Hereditary Genius", mit der Häufung außergewöhnlicher Leistungen und berühmt gewordener Personen in bestimmten Familien. Er war sich durchaus darüber im Klaren, dass familiäre Beziehungen und Unterstützung als Alternativerklärung für dieses Phänomen herangezogen werden konnten. Daher versuchte er, seine Position der relativen Dominanz von Anlage- über Umweltfaktoren mit Hilfe von Zwillings- und Adoptionsstudien zu begründen. Zur Messung intellektueller Unterschiede ging Galton gemäß dem damals in der Psychologie vorherrschenden experimentellen Paradigma davon aus, dass komplexen Intelligenzleistungen physiologische Sinnesfunktionen zugrunde liegen. Daher bezog er Reaktionszeiten sowie Maße sensorischer Diskriminationsfähigkeit (Fähigkeit in einer Sinnesmodalität Reize verschiedener Intensität zu unterscheiden) und anthropometrische Indizes (z. B. Kopfgröße) auf intellektuelle Unterschiede (abgebildet z. B. über gesellschaftliche Stellung oder Noten im Studium). Zur Auswertung seiner Daten entwickelte er Grundideen der Korrelationsrechnung und die Annahme der Normalverteilung der Intelligenz (Abbildung 2). Galtons Einfluss ist bis heute spürbar. Er führte nicht nur zentrale Konzepte wie das der Normalverteilung in die Intelligenzforschung ein, er bereitete auch Methoden der Erblichkeitsforschung und des sogenannten Kognitive-Korrelate-Ansatzes vor. Bei diesem Ansatz geht es darum, inwieweit einzelne Komponenten und Prozesse des Problemlösens sowie der Informationsverarbeitung Unterschiede in IQs erklären.

James McKeen Cattell (1860–1944): Galtons Idee, dass Intelligenz durch physiologische Sinnesfunktionen und Reaktionszeiten zu erfassen ist, wurde vielfach aufgegriffen – auch von James McKeen Cattell. Dieser veröffentlichte 1890 in dem Artikel „Mental tests and measurement" eine Reihe von Tests zur Erfassung der Intelligenz, die er als Erster als „mental tests" bezeichnete. In vielen Lehrbüchern wird dies als Beginn der psychometrischen Intelligenzforschung dargestellt.

Sowohl Galtons als auch Cattells Messmethoden waren zwar experimentell ausgereift, jedoch fehlten Belege dafür, dass sie tatsächlich die Grundlage von Unterschieden in der Intelligenz abbildeten, also valide (siehe Kapitel 2) waren. Denn es fanden sich keine ↑ Korrelationen der Tests untereinander, und es fehlten Zusammenhänge der Maße zu Intelligenzindikatoren wie Schul- oder Studiennoten.

Alfred Binet (1857 – 1911): Der Franzose Alfred Binet versuchte daher etwas Neues: Er ersetzte die zur Intelligenzmessung verwendeten elementaren Sinnesaufgaben durch komplexeres Aufgabenmaterial. Binet hatte dabei keine explizite Intelligenzdefinition, sondern verstand unter Intelligenz eher alltagsbezogene Fähigkeiten wie logisch denken zu können, sich an neue Situationen anpassen zu können oder einen gesunden Menschenverstand. Entsprechend erfassten die von ihm verwendeten Testaufgaben Wissen und Fertigkeiten des praktischen Alltags (z. B. Definitionen geben, Bilder nachzeichnen, Zahlenreihen wiederholen etc.). Zusammen mit seinem Schüler Théophile Simon entwickelte Binet so Anfang des 20. Jahrhunderts den ersten „modernen" Intelligenztest. „Modern" insofern, als dass hier komplexes Aufgabenmaterial Verwendung fand. Dieser Ansatz wird bis heute in fast allen IQ-Tests übernommen, und eines der führenden Verfahren im amerikanischen Raum trägt noch den Namen Stanford-Binet Test.

Ein weiterer Beitrag Binets, der auch heute noch die Basis moderner Intelligenztests bildet, ist, dass er die absoluten Messungen Galtons und Cattels durch relative bzw. normative Messungen ersetzte. Bei Binet ging es nicht mehr darum, eine bestimmte Leistung in ihrer absoluten Ausprägung festzustellen. Die neue Idee seiner Intelligenzmessung war, das chronologische Alter heranzuziehen und zu entscheiden, ob ein Kind *relativ zu seinem Alter* in seiner kognitiven Entwicklung voraus ist, oder ob es zurück liegt (siehe den Abschnitt „Der IQ: Entwicklung und Grundlagen").

Charles Spearman (1863 – 1945): Einer der ersten Psychologen, der an einer Theoriebildung zur Erklärung von Intelligenzunterschieden arbeitete, war der Engländer Spearman. Ebenso wie Galton und Cattell sympathisierte er mit der Idee eines einzigen, biologisch basierten Ursprungs menschlicher Intelligenz. Anders als seine Vorgänger fand er bei Anwendung bestimmter Korrekturformeln der Korrelationsrechnung positive Zusammenhänge zwischen verschiedenen Tests und auch zwischen Testergebnissen und anderen Indikatoren der Intelligenz. Dies führte zur Formulierung seiner g-Faktor-Theorie (siehe Kapitel 1).

Spearman gilt heute als der erste systematische Psychometriker und als Vater der klassischen Testtheorie (Jensen 1994). Er schuf die Basis der ↑ Faktorenanalyse, und seine große Entdeckung, der g-Faktor, ist heute nach wie vor Thema zahlreicher wissenschaftlicher Debatten.

David Wechsler (1896–1981): Abschließend sei mit dem Amerikaner David Wechsler noch ein Psychologe erwähnt, der vor allem die Praxis der Intelligenztestung maßgeblich beeinflusste. Auf ihn gehen die heute weltweit am häufigsten eingesetzten IQ-Tests, die Wechsler-Tests, zurück (siehe Kapitel 4). Eine Besonderheit dieser Tests ist, dass sie alle Altersstufen abdecken. Wechsler entwickelte seine Tests vorwiegend zur Erfassung klinischer Symptome (z. B. Alkoholabhängigkeit, mentale Retardierung). Dabei griff er auf Material aus den ersten Gruppenintelligenztests zurück, welche zur Rekrutierung von US-Soldaten im Ersten Weltkrieg konstruiert worden waren. Diese Tests bestanden aus verbalen Testaufgaben (sog. Army alpha Version) und aus nonverbalem Material für die Testung von Analphabeten (sog. Army beta version) – eine Trennung, die Wechsler in seinen Tests beibehielt (Trennung von verbalen und nonverbalen (Handlungs-)Aspekten der Intelligenz). Wechsler führte 1939 zudem den heute gebräuchlichen IQ ein, wie wir im nächsten Abschnitt darstellen werden.

Der IQ: Entwicklung und Grundlagen

Wie zuvor erwähnt, hatte Binet die Idee, Leistungen nicht absolut, sondern relativ zum chronologischen Alter zu bewerten: Er und Simon ordneten daher Testaufgaben entsprechend der Lösungshäufigkeiten in verschiedenen Altersgruppen zu Schwierigkeitsrangreihen. Die Aufgaben, welche von etwa 75 % der Kinder eines Altersjahrgangs gelöst wurden, wurden als eine „Altersreihe" zusammengefasst (z. B. die Aufgabenreihe, die 75 % der 5-Jährigen lösen). Die Aufgabenreihe, die ein Kind mit höchstens einer Ausnahme lösen konnte, markierte das Intelligenzgrundalter des Kindes, das durch weitere gelöste Aufgabenreihen höherer Altersgruppen gesteigert wurde. Das Gesamtergebnis war dann das Intelligenzalter. Mit diesem einfachen Vorgehen wurde der Grundstein dafür gelegt, Intelligenz messbar zu machen. Der nachfolgende Kasten gibt ein Beispiel dafür, wie Binet und Simon das Intelligenzalter (IA) eines Kindes berechneten. Die nachfolgende Tabelle 1 zeigt, wie viele Aufgaben der jeweiligen Altersreihe das Kind gelöst (+) oder nicht gelöst (-) hat. Jede Altersreihe umfasst dabei fünf Aufgaben.

Problematisch bei dieser Berechnung des IAs ist jedoch, dass das Wachstum der Intelligenz nicht kontinuierlich verläuft. Gleich große Abweichungen des IAs vom Lebensalter (LA) bedeuten auf verschiedenen Altersstufen nicht das Gleiche. Zwei Jahre zwischen IA und LA

Tabelle 1: Bestimmung des Intelligenzalters (IA) eines 7-jährigen Kindes

Aufgabe	Altersreihe					
	6	7	8	9	10	11
1	+	+	-	+	+	–
2	+	+	+	+	+	–
3	+	–	+	–	–	–
4	+	–	+	–	–	–
5	+	+	–	–	–	–

Das Intelligenzalter (IA) errechnet sich nun wie folgt:
$IA = GA + (k \cdot 12) / n$, wobei
  GA: Intelligenzgrundalter
  k: Anzahl zusätzlich gelöster Aufgaben
  n: Anzahl der Aufgaben pro Altersstufe
Für unser Beispiel ist das IA damit:
$IA = 6 + (10 \cdot 12) / 5 = 6$ Jahre + 24 Monate = 8 Jahre

drücken beispielsweise für einen 4-Jährigen etwas anderes aus als für einen 12-Jährigen, denn interindividuelle Unterschiede im IA nehmen mit wachsendem Lebensalter zu. Während der Abstand von zwei Jahren für einen 12-Jährigen noch relativ normal ist, ist er für einen 4-Jährigen extrem.

Der deutsche Psychologe *William Stern* (1871–1938) schlug daher 1912 vor, das IA durch das LA zu dividieren und das Ergebnis mit 100 zu multiplizieren. Dies war die Geburtsstunde des Intelligenzquotienten! Das 7-jährige Kind aus unserem Beispiel hat nach dieser Formel einen Intelligenzquotienten (IQ) von 114 (denn: $IQ = 100 \cdot IA / LA$, also $IQ = 100 \cdot 8 / 7 = 114$). Doch diese Berechnung weist einen gravierenden Mangel auf, denn während das LA weiter ansteigt, bleibt das Intelligenzniveau ab dem Erwachsenenalter relativ konstant (siehe den Abschnitt „Intelligenz im Lebenslauf" in Kapitel 1). In der Konsequenz würde so mit steigendem Alter der IQ immer geringer, weswegen heute nach einem Vorschlag von Wechsler ein individueller Testwert immer an dem Mittelwert und der Streuung einer für die Testperson repräsentativen Altersgruppe standardisiert wird.

Man spricht auch vom *Abweichungs-IQ*, da er die Lage eines individuellen Testwertes *x* im Verhältnis zum Mittelwert *M* der Vergleichsgruppe unter Berücksichtigung der Streuung *SD* beschreibt. Der IQ ist auf einen Mittelwert von 100 und eine Standardabweichung von 15 normiert: $IQ = 100 + 15 \cdot (x - M) / SD$

Tabelle 2: Gängige Norm-Skalen und ihre Interpretation

Skala	M	SD	weit unterdurchschnittlich	unterdurchschnittlich	durchschnittlich	überdurchschnittlich	weit überdurchschnittlich
IQ	100	15	<70	70−85	85−115	115−130	>130
WP[a]	10	3	<4	4−7	7−13	13−16	>16
T[b]	50	10	<30	30−40	40−60	60−70	>70
Z[c]	100	10	<80	80−90	90−110	110−120	>120

Anmerkung: [a] WP = Wertpunkte (verwendet in Wechsler-Tests), [b] T = T-Werte, [c] Z = Z-Werte.

> **Kernaussage**
>
> **Kein Intelligenztest erfasst alle Aspekte der Intelligenz.** Das bedeutet, dass es auch nicht DEN IQ gibt! Die IQ-Norm ist zudem nur eine mögliche Form der Standardisierung von Intelligenztestergebnissen. Es sind auch andere Standardisierungen bzw. ↑ Normen möglich.

Tabelle 2 zeigt gängige Norm-Skalen mit ihrem jeweiligen Mittelwert M und ihrer Standardabweichung SD. Aus den weiteren Spalten kann man ersehen, in welchen Leistungsbereich einzelne Werte jeweils fallen.

Die verschiedenen Skalen sind leicht ineinander überführbar. In einem ersten Schritt werden die Werte z-standardisiert. Die z-Standardisierung überführt jede Verteilung in eine Verteilung mit $M = 0$ und $SD = 1$. Die z-Standardisierung eines Messwertes x erfolgt nach der Formel: $z = (x - M)/SD$. Anschließend löst man die Formel nach x auf und setzt Mittelwert und Standardabweichung der neuen Skala ein ($x = z \cdot SD + M$). Ein IQ-Wert von 114 wird z. B. folgendermaßen in einen T-Wert überführt:
$z = (114 - 100)/15 = 0.93$ und $T = 0.93 \cdot 10 + 50 = 59.33$. Abbildung 2 zeigt die gängigen Normskalen im Vergleich sowie in Relation zur Standard-Normalverteilung.

Der Intelligenzbereich von jeweils einer Standardabweichung unter und über dem Mittelwert (IQ 85 bis 115) gilt als Bereich durchschnittlicher Intelligenz, in den etwa 68 % aller Menschen fallen. Werte ab einer bis zu zwei Standardabweichungen über bzw. unter dem Mittelwert gelten als

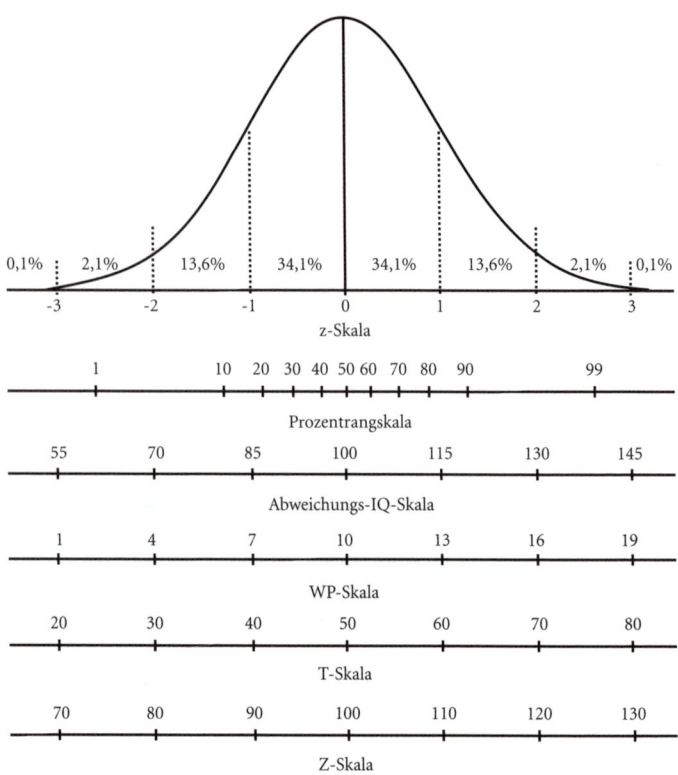

Abbildung 2: Gängige Norm-Skalen im Vergleich (aus Holling et al. 2004, 83)

hohe bzw. niedrige Intelligenz, über die jeweils knapp 14 % der Bevölkerung verfügen. Ein IQ, der mindestens zwei Standardabweichungen über bzw. unter dem Mittelwert liegt, zeigt eine sehr hohe bzw. sehr niedrige Intelligenz an, die jeweils lediglich zirka 2 % der Menschen aufweisen.

In Abbildung 2 werden zudem Prozentränge aufgeführt. Der Prozentrang (PR) gibt an, wie viel Prozent der Vergleichsgruppe in der Normstichprobe schlechter oder besser abgeschnitten haben als die getestete Person. Ein PR von 80 bedeutet z. B., dass 80 % der Altersgruppe ein schlechteres oder gleich gutes Ergebnis und nur 20 % ein besseres Ergebnis als die getestete Person erzielt haben. Prozentränge bilden somit die prozentuale Verteilung der Werte ab. Im Vergleich zu den anderen Normen stellen sie eine verzerrte Skala dar: Der Begabungsunterschied in extremen Bereichen (z.B. zwischen einem PR von 85 und 90) ist deutlich größer als im durchschnittlichen Bereich (z.B. zwischen einem PR von 50 und 55). Zwar haben in beiden Fällen die jeweils besseren Testpersonen den gleichen Anteil an Personen übertroffen (je 5%). Im oberen Bereich der Normalverteilung befinden sich jedoch deutlich weniger Personen als im mittleren Bereich.

> **Kernaussage**
>
> **Das Übertreffen der gleichen Anzahl von Personen im extremeren Begabungsbereich stellt damit einen größeren Begabungsunterschied dar als im mittleren Begabungsbereich.**

Anwendungsmöglichkeiten und -grenzen

Bevor wir darauf eingehen, was IQ-Tests leisten können, geben wir zunächst einen Überblick über die wichtigsten Klassifizierungsmerkmale dieser Tests (Tabelle 3).

Möglichkeiten und Grenzen von Intelligenztests: Für die Erfassung von Intelligenz sind IQ-Tests das Mittel der Wahl. Die Verfahren sind zumeist theoretisch fundiert und ermöglichen, sofern sie den Gütekriterien entsprechen (siehe Kapitel 3 „Testgütekriterien"), objektive, reliable, valide und zeitökonomische Messungen (Preckel 2003). Insbesondere mit Blick auf das wichtigste Gütekriterium, die Validität, zählen Intelligenztests zu den erfolgreichsten psychologischen Untersuchungsmethoden überhaupt. Für die Vorhersage von z.B. Ausbildungs- und Berufserfolg haben Intelligenztests relativ zu anderen psychologischen Einzelverfahren wie Interviews, aber auch zu solchen Maßen wie Lebenslauf oder Vorerfahrung, die höchste Vorhersagekraft (Maltby et al. 2007). Auch im Vergleich zu anderen Methoden zur Einschätzung der Intelligenz (z.B. Selbst- oder Fremdeinschätzungen) erbringen IQ-Tests die objektivsten, zuverlässigsten und gültigsten Informationen (Holling et al. 2004).

Eine weitere Stärke von Intelligenztests ist, dass sie eine Unterscheidung verschiedener Bereiche der Intelligenz ermöglichen (z.B. des schlussfolgernden Denkens oder des verbalen Gedächtnisses). Das ist durch Beobachtungs- oder auch schulische Leistungsdaten kaum möglich. Die Darstellung von IQs in Zahlen und die Normierung der Tests erleichtern zudem den Vergleich von Ausprägungen kognitiver Fähig-

Tabelle 3: Klassifizierung von Intelligenztests

Klassifikation nach	Erläuterung
Art der Vorgabe	
Einzeltest	auch Individualtest, wird mit einzelnen Testpersonen durchgeführt
Gruppentest	wird mit Gruppen von Testpersonen durchgeführt
Einzel- und Gruppentest	kann mit Einzelpersonen oder Gruppen durchgeführt werden
Dimensionalität	
Mehrdimensionaler Test	auch Intelligenzstrukturtest; erfasst mehrere Intelligenzbereiche, aus denen i. d. R. ein Gesamt-IQ berechnet wird
Eindimensionaler Test	alle Testaufgaben erfassen einen Intelligenzbereich
Zeitbegrenzung	
Speed Test	auch Geschwindigkeits- / Schnelligkeitstest; Differenzierung zwischen Testpersonen erfolgt allein aufgrund der Bearbeitungszeit, d. h. ohne Zeitbegrenzung würden alle Testpersonen alle Aufgaben lösen können; meist zur Prüfung von Konzentration und Geschwindigkeit der Informationsverarbeitung eingesetzt
Power Test	auch Niveau-Test; Aufgabenbearbeitung ohne Zeitbegrenzung zur Erfassung des intellektuellen Niveaus („Denkkraft"); Testaufgaben differenzieren aufgrund ihrer Schwierigkeit
Speed-Power Test	häufigste Form von Intelligenztests; Mischform aus Speed und Power-Test, d. h. Test mit mehr oder weniger engen Zeitvorgaben für die Aufgabenbearbeitung
Material	
Papier-und-Bleistift-Test, Computergestützter Test, Apparatives Verfahren	
Abhängigkeit vom Sprachverständnis (Testinhalt)	
Verbale Tests, non-verbale Tests	

keiten sowohl innerhalb einer Person als auch zwischen verschiedenen Personen.

IQ-Tests können zudem für die Abschätzung von *Fähigkeitspotenzialen* eingesetzt werden. Durch die Tests lassen sich vorhandene Fähigkeiten entdecken, auch wenn keine entsprechenden Leistungen gezeigt werden. Liegen beispielsweise Intelligenzmaße und bestimmte Schulleistungen um mehr als eine Standardabweichung auseinander, so wird diese Diskrepanz zum Teil als Indikator für das Vorliegen bestimmter Lern- oder Teilleistungsschwächen herangezogen. Dieses Vorgehen wird jedoch aus verschiedenen Gründen durchaus kritisiert. So gibt das IQ-Diskrepanz-Modell keine Auskunft darüber, welche pädagogischen Hilfsmaßnahmen erforderlich sind, und möglicherweise sind hier Informationen über das Verhalten eines Kindes zu Hause und in der Schule hilfreicher (Benson 2003).

Nun wäre es aber ein voreiliger Schluss, IQ-Tests für die Diagnostik von Lern- oder Teilleistungsschwächen als generell überflüssig anzusehen. Vielmehr ist es so, dass diese Tests immer in einem informierten Kontext eingesetzt werden sollten, für die Diagnostik von Lern- oder Teilleistungsschwächen z.B. durch Experten zum kindlichen Lernen, welche die Testergebnisse um weitere Informationen ergänzen können. Kaufman und Lichtenberger (2006) sprechen in diesem Zusammenhang von einer „*intelligent testing philosophy*", welche die getestete Person und nicht den Test in den Mittelpunkt stellt. Zum Beispiel führen sie die folgenden Aspekte auf, welche wir durch eigene Anmerkungen ergänzt haben:

- IQ-Tests messen, was eine Person gelernt hat: Das heißt, IQ-Tests erfassen *durch Erfahrung und Lernen entwickelte Fähigkeiten* und bilden damit die komplexe Interaktion zwischen Lernfähigkeit und Lerngelegenheiten ab. Lernfähigkeit und allgemeine Intelligenz sind kaum voneinander zu trennen. Bislang liegen keine überzeugenden Belege für die Existenz einer von der Intelligenz unabhängigen Lernfähigkeit vor (Holling/Liepmann 2003). Testergebnisse sind demnach eher als kontextabhängige Leistungsdaten zu interpretieren, denn als Maße angeborener Fähigkeit. Hinzu kommt, dass Testergebnisse immer eine *Statusdiagnostik* darstellen, also Aussagen über den aktuellen Leistungs- und Entwicklungsstand einer Person machen. Dabei ist die Stabilität der Ergebnisse von der Güte des jeweils eingesetzten Verfahrens abhängig. Die Prognosekraft eines Testergebnisses sinkt zudem, je größer die zeitliche Distanz zum vorherzusagenden Kriterium ist.

- *IQ-Testaufgaben bilden einen Verhaltensausschnitt ab und sind keine erschöpfende Verhaltensstichprobe:* Kein Test erfasst alle Facetten der Intelligenz, sondern immer nur einen bestimmten Ausschnitt aus dem Spektrum intellektueller Fähigkeiten. Unterschiede im theoretischen Konzept und Aufgabenmaterial der Tests führen dazu, dass je nach Test die Ergebnisse durchaus unterschiedlich ausfallen können. Werden dann die erfassten Fähigkeitsbereiche ähnlich benannt (z. B. als allgemeine Intelligenz) oder jeweils als IQ ausgedrückt, legt dies bei oberflächlicher Betrachtung nahe, es handle sich um die gleichen erfassten Fähigkeiten. Dies kann bei abweichenden Ergebnissen zu Verwirrung führen (vergleiche Kapitel 5). In diesem Zusammenhang ist es hilfreich, die mit den Tests erfassten Fähigkeiten in ein integratives Intelligenzmodell wie das BIS von Jäger (1984) einzuordnen.

- *Aus IQ-Testergebnissen generierte Hypothesen sollten durch Daten aus verschiedenen Quellen gestützt werden:* Dieser Punkt enthält zwei Hinweise. Erstens gibt es unter Psychologen das Sprichwort „*Ein Test ist kein Test*". Damit soll einmal dem Umstand Rechnung getragen werden, dass verschiedene Tests, wie oben dargestellt, unterschiedliche Ausschnitte aus dem Spektrum intellektueller Fähigkeiten erfassen. Zum anderen wird hier berücksichtigt, dass je nach Tagesform oder situativen Umständen ein Test *auch einmal zufällig schlecht ausfallen kann* (das Gegenteil ist eher unwahrscheinlich). IQ-Testergebnisse sind nicht unabhängig von der jeweiligen Situation und den jeweiligen Lebensumständen einer Testperson. Um die Ergebnisse für eine Person sinnvoll interpretieren zu können, sind weitere Informationen erforderlich (z. B. Verhaltensbeobachtung während der Testung, biografisch-anamnestische Angaben).

> **Kernaussage**
>
> **IQ-Tests an sich sind lediglich Methoden. Ihr intelligenter Einsatz, das heißt, ihre fachgerechte Einbettung in einen diagnostischen Prozess zur Beantwortung einer konkreten diagnostischen Frage entscheidet über ihren Nutzen. Die Feststellung einer Maßzahl für die Intelligenz als Selbstzweck oder als alleinige Entscheidungsgrundlage ist theoretisch und messtechnisch gesehen in den allermeisten Fällen nicht sinnvoll.**

Einsatzfelder von Intelligenztests: Die Intelligenzdiagnostik sollte nie Selbstzweck sein, sondern sie sollte bestimmte Funktionen erfüllen.

Dazu gehören vor allem das Sammeln von Informationen zum Zwecke des *Trainings* (z. B. Lerntechniktrainings), der *Selektion* (z. B. Auswahl für bestimmte Berufe) oder der *Platzierung* (z. B. Wahl einer Schulform). Intelligenztests gehören seit Jahrzehnten zu den am häufigsten eingesetzten psychologisch-diagnostischen Verfahren und spielen in fast allen psychologischen Arbeitsfeldern eine Rolle. Aus Platzgründen können wir im Folgenden lediglich einige Beispiele für die Anwendung von Intelligenztests nach verschiedenen Anwendungsfeldern auflisten (ausführlichere Beschreibungen finden sich bei Holling et al. 2004):

Beispiele aus dem klinischen Bereich:
- Diagnostik von Intelligenzminderung bzw. geistiger Behinderung
- Diagnostik eines Intelligenzabbaus beispielsweise aufgrund des Alters oder bestimmter Erkrankungen
- Klärung, ob bestimmte Verhaltens- oder Persönlichkeitsstörungen auch auf hirnorganische Veränderungen zurückgeführt werden können
- Entscheidungshilfe über die Eignung psychoedukativer Programme oder Rehabilitationsmaßnahmen
- Intelligenzdiagnostik zur Prognose des Therapieverlaufs und zur Abschätzung der zukünftigen Leistungsentwicklung

Beispiele aus dem pädagogischen Bereich:
- Schuleignungsdiagnose: IQ-Tests zur Abschätzung der kognitiven Voraussetzungen für den Schulbesuch
- Schullaufbahnberatung: z. B. Fragen nach der Auswahl des geeigneten Schultyps oder dem Überspringen von Klassen
- Diagnostik von Lernbehinderung
- Diagnostik von Hochbegabung (konventionell über einen IQ $\geq$ 130 bzw. PR 98) und Nachweis von Begabungsschwerpunkten
- Diagnostik von Underachievement (erwartungswidrige Minderleistung als Diskrepanz zwischen gezeigter Schulleistung und nach der Intelligenz der Person zu erwartenden Schulleistung)

Beispiele aus dem beruflichen Bereich:
- Personalauswahl und -entwicklung: Abgleich intellektueller Fähigkeiten mit den intellektuellen Anforderungen einer Tätigkeit (Eignungsdiagnostik) sowie Abschätzung des Entwicklungspotenzials einer Person
- Berufsberatung: Elemente einer gelungenen Berufswahl sind (1) das Wissen um die eigene Person, (2) das Wissen um die Anforderungen

und Möglichkeiten verschiedener Berufe und (3) das Zusammen-
bringen von Person und Beruf nach dem Prinzip der bestmöglichen
Passung; Intelligenzdiagnostik zur Erweiterung des Wissens um die
eigene Person

Validität und Korrelate

Es gibt mittlerweile unzählige Studien, die IQ-Testergebnisse mit bestimmten Kriterien in Verbindung setzen. Klassischerweise sind dies
Leistungskriterien aus akademischer Bildung und Beruf. In den letzten
Jahrzehnten wächst jedoch ein Forschungsbereich, der Intelligenz auch
mit anderen Kriterien wie Persönlichkeit und nicht-leistungsbezo-
genen Verhaltensmaßen in Zusammenhang bringt. Aus Platzgründen
können wir allerdings nur kurz auf dieses spannende Forschungsfeld
eingehen.

Zunächst einmal geht es nun darum, wie Leistungen in den zentralen Lebensbereichen Schule und Beruf mit Intelligenztestergebnissen
zusammenhängen.

Intelligenz und Leistungsmaße in Ausbildung und Beruf

Schule und Studium: IQ-Testwerte gelten als *beste Einzelprädiktoren des
schulischen Erfolgs* (Heller 2000). Der Zusammenhang zwischen IQ-
Testwerten und Schulerfolg liegt um $r = .50$ (Amelang / Bartussek 2001,
Neisser et al. 1996). In weiterführenden Schulen und an Universitäten
werden etwas geringere ↑ Korrelationen gefunden als im Grundschul-
bereich. Dies liegt daran, dass mit steigendem Ausbildungsniveau vermehrt Personen mit höheren intellektuellen Fähigkeiten in schulischen
Einrichtungen anzutreffen sind und somit die Streuung der Fähigkeiten
stärker eingeschränkt wird (dieses führt rein technisch zu geringeren
Korrelationen). Zum anderen nimmt mit steigendem Ausbildungsniveau die Bedeutung des Vorwissens und bestimmter Fertigkeiten zu,
sodass geringere intellektuelle Fähigkeiten besser kompensiert werden
können (Weinert 1996). Aber auch für Leistungen in weiterführenden
Schulen und an Universitäten belegen ↑ Metaanalysen die Validität von
IQ-Tests als sehr gutes Vorhersagemaß für Lern- und Ergebnisvariablen
(Ones et al. 2004). Intelligenzmaße zeigen enge Zusammenhänge ($r = .60$
bis .70) zum erreichten Bildungsabschluss (Jensen 1998). Man könnte

Intelligenz so gesehen auch als Fähigkeit zu hoher Bildung bezeichnen. Jedoch ist hier Vorsicht geboten, denn die Zusammenhänge zwischen Bildung und Intelligenz sind sehr komplex: Die Fähigkeit zu hoher Bildung kann selbst wiederum bildungsabhängig sein, mehr Bildung kann zu höherer Intelligenz führen (usw.). Zudem sind Korrelationen von $r = .50$ bis .70 und damit geteilte Test-Kriteriums-Varianzen (↑ Varianz) von 25 % bis 50 % zwar beträchtlich. Es wird aber auch deutlich, dass weitere Variablen beim Schul- und Ausbildungserfolg eine zentrale Rolle spielen. Erfolgreiches Lernen wird natürlich auch von Interessen, der Motivation und vielen anderen Aspekten bestimmt (Neisser et al. 1996). Auch das Geschlecht scheint einen Beitrag zur Prognose des Schulerfolgs zu leisten, da Mädchen gewöhnlich etwas bessere Schulnoten erreichen als Jungen (Stricker et al. 1993).

Beruf: Für die *Prognose des Berufserfolgs* zählen allgemeine kognitive Fähigkeitstests bzw. IQ-Tests neben Arbeitsproben und strukturierten Einstellungsinterviews zu den besten Prädiktoren (Schmidt / Hunter 1998, Schuler / Höft 2004). Es gibt praktisch keinen Ausbildungsgang oder Beruf, für den IQ-Testergebnisse nicht zur Vorhersage des Erfolgs beitragen könnten. Mit der Höhe des Berufsstatus wächst der minimal erforderliche IQ, da mit steigender Komplexität höhere kognitive Anforderungen vorliegen. Menschen mit einem eher geringeren Intelligenzniveau sind kaum in Berufen mit hohem sozialen Status zu finden (Ausnahme: medienwirksame Berufe), während intelligentere Menschen in allen Berufssparten vorkommen (Asendorpf 2004).

Wie sehen nun die Forschungsbefunde im Einzelnen aus? Der Zusammenhang von Intelligenz und Berufserfolg über verschiedene Berufsgruppen hinweg liegt in Metaanalysen aus den USA bei $r = .51$ (Schmidt / Hunter 1998). Ganz ähnliche Ergebnisse konnten Salgado et al. (2003) für Erhebungen in der Europäischen Union und Hülsheger et al. (2007; zit. nach Hülsheger / Maier 2008) für Deutschland nachweisen. Nicht zuletzt deswegen sprechen sich einige Autoren für eine Hegemonialstellung kognitiver Fähigkeitstests in der Eignungsdiagnostik aus (z. B. Hülsheger / Maier 2008, Schmidt / Hunter 1998). Intelligenztests sind zudem häufig auch kostengünstiger und tätigkeitsübergreifender einsetzbar als andere Verfahren (Schuler / Höft 2004).

Intelligenzmaße zeigen zudem eine hohe Validität zur *Vorhersage und Erklärung beruflicher Ausbildungs- und Trainingsleistungen.* ↑ Metaanalysen dokumentieren hier über verschiedene Berufe und Kulturen hinweg Zusammenhänge von $r = .40$ bis .70 (Ones et al. 2004, Salas /

Cannon-Bowers 2001). Die Validität der allgemeinen Intelligenz erweist sich dabei meist als mindestens genauso hoch wie oder höher als die spezifischer Fähigkeitstests (Ones et al. 2004).

Intelligenz und Persönlichkeit

Intelligenz und Persönlichkeit werden häufig getrennt voneinander erforscht. Diese Trennung ist jedoch künstlich. Bereits Wechsler (1950) sah Intelligenz als Manifestation der Gesamtpersönlichkeit. Er definierte Intelligenz als die zusammengesetzte oder globale Fähigkeit des Individuums, zweckvoll zu handeln, vernünftig zu denken und sich mit seiner Umgebung wirkungsvoll auseinanderzusetzen. Nach diesem Verständnis sind bestimmte affektive sowie motivationale Faktoren (Interessen, Willenseigenschaften etc.) integrale Bestandteile des Intelligenzkonstruktes. Wechsler verstand Intelligenz eher als Effekt einer bestimmten Persönlichkeitskonstellation, denn als Ursache für kompetentes Handeln.

Eine ↑ Metaanalyse (Ackermann / Heggestadt 1997) zeigt, wie intellektuelle Fähigkeiten mit Persönlichkeitsvariablen und Interessen korrespondieren. So korreliert Intelligenz tendenziell positiv mit Persönlichkeitsmaßen, die in den Bereich positiven Affekts fallen (z. B. Offenheit für neue Erfahrungen, Extraversion) und negativ mit Maßen, die in den Bereich negativen Affekts fallen (z. B. Neurotizismus, Psychotizismus). Im Hinblick auf den Zusammenhang mit Interessen ist nonverbale Intelligenz eher mit praktisch-technischen Interessen assoziiert, während verbale Intelligenz eher mit Offenheit für neue Erfahrungen und sprachlichen Interessen zusammenhängt.

In einer Untersuchung mit mathematisch oder sprachlich Hochbegabten zeigte sich, dass entsprechende Begabungsschwerpunkte, erfasst im Alter von 13 Jahren, eine hohe prädiktive Validität nicht nur für die Entwicklung der Leistung, sondern auch für die der Persönlichkeit haben (Lubinski et al. 2001). Die beobachteten Unterschiede der intellektuellen Stärken mit 13 Jahren erklärten deutliche Unterschiede in späteren Lernbedürfnissen und -vorlieben, Ausbildungswünschen und -entscheidungen sowie Lebensstilpräferenzen.

Insgesamt machen die Befunde zum Zusammenhang von Intelligenz und Persönlichkeit Folgendes sehr deutlich: Intelligenz und Persönlichkeit sind zwar auf der Konstruktebene psychometrisch zu trennen. Sobald es jedoch um die Bewältigung konkreter Alltagssituationen geht, sind Intelligenz und Persönlichkeit miteinander verwoben, was folgendes Zitat sehr schön auf den Punkt bringt:

„Despite the destinction among the two constructs, it is commonly agreed that intelligence and motivational-personality processes are never utilized in isolation from each other; once activated there is basically no way to separate the processes or to isolate the relative contribution of one from the other. Thus, in attempting to adapt to any practical situation, an individual needs to apply both mental and motivational-affective processes, which, respectively, draw upon factual knowledge and knowledge related values, beliefs and standards." (Zeidner / Matthews 2000, 584).

Wie kann man sich das Zusammenspiel von Intelligenz und Persönlichkeit nun vorstellen? Einerseits ist denkbar, dass Persönlichkeitsmerkmale wie Versagensangst oder ein gesundes Selbstvertrauen intellektuelle Leistungen beeinträchtigen oder erleichtern. Auf der anderen Seite könnte auch die Intelligenz einer Person ihre Fähigkeit beeinflussen, sich an Alltagsanforderungen anzupassen. Schließlich könnte der Zusammenhang zwischen Intelligenz und Persönlichkeit auch auf dritte Variablen, wie z.B. den sozio-ökonomischen Status, zurückzuführen sein. Letztendlich sind diese Zusammenhänge zu komplex für einfache Erklärungen und werden noch komplizierter, wenn man eine Entwicklungsperspektive hinzunimmt (der interessierte Leser findet einen Modellvorschlag bei Zeidner / Matthews 2000).

Literatur

Einen Überblick über Korrelate der Intelligenz geben Lehrbücher der Persönlichkeitspsychologie, z.B. **Amelang et al. 2006.**
Ausführliche Informationen zu Zusammenhängen von Intelligenz und Persönlichkeit finden sich in den Handbüchern von **Saklofske und Zeidner (1995)** *sowie* **Sternberg und Ruzgis (1994).**

Aktuelle Testverfahren

4

In diesem Kapitel stellen wir einige der zurzeit gebräuchlichsten IQ-Tests vor. Da dieses Buch als Einstieg in das Thema gedacht ist, werden wir hier keine differenzierten Testrezensionen, sondern lediglich einen (ersten) orientierenden Eindruck zu den einzelnen Verfahren geben. Auch die Gütekriterien werden zum großen Teil nur sehr global beschrieben, wohl wissend, dass es *die* Objektivität, *die* Reliabilität und *die* Validität eigentlich nicht gibt (siehe dazu Kapitel 2).

Wechsler-Tests

Die Intelligenztests nach dem Konzept von David Wechsler gehören im deutschsprachigen Raum seit langem zu den meistverwendeten Verfahren. Die aktuellen Versionen für Kinder und Jugendliche (HAWIK-IV) sowie für das Erwachsenenalter (WIE) weisen allerdings auf Skalen- und Aufgabenebene substanzielle Unterschiede zu ihren Vorgängerversionen auf. Außerdem existiert noch eine aktuelle Version für das Vorschulalter (HAWIVA-III).

Da die „neuen" Wechslertests erst seit kurzem auf dem Markt sind, soll zunächst der HAWIK-III als Vorläufer des HAWIK-IV und erst danach die drei oben genannten aktuellen Verfahren vorgestellt werden.

Der Hamburg-Wechsler-Intelligenztest für Kinder – dritte Auflage (HAWIK-III; Tewes et al. 2000): Der HAWIK-III ist ein Einzeltestverfahren zur Erfassung der allgemeinen kognitiven Leistungsfähigkeit von Kindern und Jugendlichen für den Altersbereich von 6 bis 16;11 Jahren (im Folgenden zu lesen als 16 Jahre und 11 Monate). Er besteht aus 13 Untertests, die entweder einem Verbal- oder einem Handlungsteil zugeordnet sind (Skalen des Verbalteils: Allgemeines Wissen, Wortschatz-Test, Rechnerisches Denken, Allgemeines Verständnis, Gemeinsamkeiten finden; optionaler Zusatztest: Zahlennachsprechen; Skalen des Handlungsteils: Bilderergänzen, Bilderordnen, Mosaik-Test, Figurenlegen, Zahlen-Symbol-Test; optionale Zusatztests: Symbolsuche, Labyrinth-Test). Im Verbalteil werden verstärkt kristalline Intelligenzanteile erfasst, im Handlungsteil stehen dagegen die visuelle Wahrnehmung und der fluide Intelligenzanteil (siehe Kapitel 1) im Vordergrund. Neben Verbal-, Handlungs- und Gesamt-IQ lassen sich zusätzlich vier Intelligenzindizes (Sprachverständnis, Wahrnehmungsorganisation, Unablenkbarkeit, Verarbeitungsgeschwindigkeit) berechnen. Die Durchführungsdauer beträgt etwa 50 bis 70 Minuten (plus ca. 15 Minuten für optionale Untertests). Für die Auswertung werden ungefähr 15 Minuten benötigt.

Im Großen und Ganzen kann der HAWIK-III als objektives Testverfahren angesehen werden, nur die Auswertung ist wegen des freien Antwortformates bei manchen Untertests in der Objektivität etwas eingeschränkt. Weiterhin ist er ein reliables Verfahren. Unbefriedigend sind jedoch die fehlenden Stabilitätskoeffizienten. Bezüglich der Konstruktvalidität ließen sich vor allem die vier Index-Werte faktorenanalytisch (↑ Faktorenanalyse) hinreichend gut replizieren. Lediglich der Index für „Unablenkbarkeit" konnte nicht eindeutig belegt werden. Fraglich bleibt die Unterteilung in Verbal- und Handlungs-IQ. Validitätsnachweise zu externen Kriterien liegen vor, weitere Belege – vor allem die prognostische Validität betreffend – wären allerdings wünschenswert. Insgesamt existiert für den HAWIK-III eine gute Normdatenbasis aus den Jahren 1995 bis 1998.

Eingesetzt wird der HAWIK-III vor allem im klinischen und pädagogischen Feld. Entwickelt und geeicht wurde er vorrangig für den mittleren Begabungsbereich. Die Differenzierung in den Extrembereichen der Intelligenz (vor allem IQ > 130) ist wenig zuverlässig, was bei der Interpretation der Ergebnisse berücksichtigt werden muss (siehe Kapitel 5).

Der Hamburg-Wechsler-Intelligenztest für Kinder – vierte Auflage (HAWIK-IV; Petermann / Petermann 2007): Der HAWIK-IV (Altersbereich ebenfalls 6 bis 16;11) ist die Nachfolgeversion des HAWIK-III. Ziel der Überarbeitung war es, das theoretische Grundkonzept in Anlehnung an aktuelle Forschungsergebnisse zu aktualisieren, den Test besser an den Entwicklungsstand der Kinder anzupassen sowie die psychometrischen Eigenschaften und Anwendungsaspekte zu optimieren. Der Fokus beim Überarbeiten des theoretischen Grundkonzepts lag auf der Integration neuer Untertests, die vermehrt abstrakt-logisches Denken (Matrizen-Test, Bildkonzepte), Arbeitsgedächtniskapazität (Zahlen-Buchstaben-Folgen) sowie Verarbeitungsgeschwindigkeit

(Durchstreich-Test) erfassen. Dadurch sollte der am HAWIK-III kritisierten Überrepräsentation kristalliner Intelligenzanteile entgegengewirkt werden. Außerdem wurde ein neuer optionaler Zusatztest „Begriffe erkennen" mit aufgenommen.

Die größte Veränderung ist wohl, dass im HAWIK-IV kein Verbal- und Handlungs-IQ mehr berechnet wird, sondern lediglich ein Gesamt-IQ sowie vier Intelligenzindizes (Sprachverständnis, wahrnehmungsgebundenes logisches Denken, Arbeitsgedächtnis, Verarbeitungsgeschwindigkeit). Außerdem wurden in jeden Untertest Lern-, Beispiel- und/oder Übungsaufgaben aufgenommen, damit die Aufgaben besser verstanden werden. Um die Differenzierungsfähigkeit des Tests bei Kindern zu verbessern, die eine sehr niedrige oder eine sehr hohe intellektuelle Begabung aufweisen, wurden die Untertests um schwierige und leichte Aufgaben ergänzt. Die Zeiten für Durchführung und Auswertung sind mit denen des HAWIK-III vergleichbar.

Die Objektivität ist beim HAWIK-IV weitestgehend gegeben, auch die Reliabilitäten der Intelligenzindizes und des Gesamttests können zusammenfassend als gut bewertet werden. Untersuchungen zur Konstruktvalidität des HAWIK-IV replizierten die vier Intelligenzindizes hinreichend gut. Dass der „neue" HAWIK nicht etwas vollkommen anderes misst als sein Vorläufer, konnten außerdem Korrelationsstudien zwischen neuem und altem Test zeigen. Die Normierung des HAWIK-IV erfolgte zwischen 2005 und 2006 an einer hinsichtlich Alter und Bildungsgrad repräsentativen Stichprobe von 2600 Kindern und Jugendlichen aus Deutschland, Österreich und der Schweiz. Gerade im mittleren Intelligenzbereich kann man in jedem Alter von einer guten Intelligenzdifferenzierung ausgehen.

Auch beim HAWIK-IV handelt es sich insgesamt um ein Verfahren, das für Platzierungsentscheidungen sowie im klinisch-psychologischen und pädagogischen Bereich eingesetzt wird. Laut Testmanual kann der Test auch zur Diagnostik von Hoch- und Minderbegabung sowie zur Diagnose individueller kognitiver Stärken und Schwächen genutzt werden. Dafür wurden verstärkt geistig behinderte sowie hochbegabte Kinder und Jugendliche in die Normierungsstichprobe aufgenommen.

Wechsler-Intelligenztest für Erwachsene (WIE; von Aster et al. 2006): Beim WIE handelt es sich ebenfalls um einen Individualtest. Er ist für die Untersuchung verschiedener kognitiver Fähigkeiten bei Jugendlichen und Erwachsenen im Alter von 16 bis 89 Jahren konstruiert. Im Vergleich zu seiner Vorgängerversion (HAWIE-R) wurden auch beim

WIE substanzielle Änderungen auf Skalen- und Aufgabenebene vorgenommen (Hinzunahme neuer Untertests, veränderte Aufgabeninhalte, Berechnung zusätzlicher Index-Werte neben dem Gesamt-IQ). Gleich geblieben ist jedoch das zugrunde liegende Intelligenzkonzept. Mittels WIE lassen sich ein Verbal-IQ, ein Handlungs-IQ und ein Gesamt-IQ sowie vier verschiedene Intelligenzindizes (Sprachverständnis, Wahrnehmungsorganisation, Arbeitsgedächtnis, Arbeitsgeschwindigkeit) errechnen. Der WIE besteht aus elf Kernuntertests sowie drei optionalen Zusatztests. Zur Durchführung benötigt man ca. 60 bis 95 Minuten, für den optionalen Zusatztest „Figurenlegen" müssen zusätzliche 10 bis 15 Minuten einberechnet werden.

Eine hinreichende Objektivität ist insgesamt gegeben. Die guten Testhalbierungsreliabilitäten für Verbal-, Handlungs- und Gesamt-IQ sowie für die vier Index-Werte belegen die messtechnische Güte der Skalen – weitere Reliabilitätskoeffizienten werden leider nicht berichtet. Bisher liegen Studien bezüglich der Konstruktvalidität vor, die die 4-faktorielle Indexstruktur bestätigen. Untersuchungen an einer neurologisch-klinischen Stichprobe konnten ferner zeigen, dass der WIE Beeinträchtigungen der kognitiven Leistungsfähigkeit einer neurologisch-klinischen Gruppe im Vergleich zu einer nichtklinischen Gruppe aufdecken konnte. Die Normierungsstichprobe wurde von 1999 bis 2005 erhoben, umfasst Daten von 1790 Erwachsenen aus dem deutschsprachigen Raum und gliedert sich in 13 Altersgruppen zwischen 16 und 89 Jahren.

Obwohl die Wechsler-Skalen in den USA auch für die Schullaufbahndiagnostik und für Personalentscheidungen herangezogen werden, stellt der WIE laut Handbuch vor allem ein Verfahren zur klinischen Einzelfalldiagnostik dar.

Hannover-Wechsler-Intelligenztest für das Vorschulalter – dritte Auflage (HAWIVA-III; Ricken et al. 2007): Mit dem HAWIVA-III wurde unlängst die deutschsprachige Adaptation eines weiteren auf dem Wechslerschen Intelligenzmodell basierenden Tests vorgestellt, der speziell für Kinder im Vorschulalter (2;6 bis 6;11 Jahre) konzipiert ist – der Altersbereich wurde im Vergleich zur Vorgängerversion (HAWIVA; 4 bis 6;6) also wesentlich erweitert. Beschränkte sich der HAWIVA noch auf das Erfassen von Verbal- und Handlungsteil sowie der daraus zusammengesetzten Gesamtskala, so sind in der aktuellen Fassung nach Revision der theoretischen Grundlagen des Tests zusätzlich eine Allgemeine Sprachskala sowie (für die Altersstufe ab 4 Jahren) eine Skala „Verarbeitungsgeschwindigkeit" hinzugekommen. In der jüngeren Altersstufe (2;6 bis 3;11) werden vier Kernuntertests (Verbalteil: Passiver Wortschatz, Allgemeines Wissen; Handlungsteil: Mosaik-Test, Figurenlegen) sowie ein zusätzlicher Untertest (Aktiver Wortschatz) dargeboten, der entweder den Test Passiver Wortschatz ersetzen oder zusätzlich mit den beiden anderen Verbaltests zur Allgemeinen Sprachskala verrechnet werden kann. Für die Altersstufe ab vier Jahren finden sieben Kerntests (Verbalteil: Allgemeines Wissen, Begriffe erklären und Begriffe erkennen; Handlungsteil: Mosaik Test, Matrizentest, Klassenbilden; Verarbeitungsgeschwindigkeit: Kodieren), vier zusätzliche Subtests (Verarbeitungsgeschwindigkeit: Symbol-Suche; Verbalteil: Allgemeines Verständnis und Gemeinsamkeiten finden; Handlungsteil: Figurenlegen) sowie drei wahlweise durchführbare Untertests (Allgemeine Sprachskala: Allgemeines Wissen, Passiver Wortschatz; Bilderergänzen als separater Test) Anwendung. Der Test ist als Individualtest konzipiert und nimmt in der Durchführung für die jüngere Altersgruppe zwischen 20 und 60, für ältere Kinder zwischen 30 und 120 Minuten in Anspruch.

Durch die Standardisierung ist der Test weitestgehend objektiv, und es werden insgesamt gute Reliabilitätswerte berichtet. Die Stichprobe für die Schätzung der Retest-Reliabilität war allerdings mit insgesamt 69 Kindern sehr klein. Die Konstruktvalidität konnte weitestgehend belegt werden. Die von den Autoren berichteten kriteriumsbezogenen Validitätsangaben stützen sich primär auf Untersuchungen mit dem amerikanischen Originalinstrument. Erste Studien im deutschsprachigen Raum zeigen jedoch, dass mit dem HAWIVA-III eine große Fähigkeitsbandbreite abzubilden ist. Normiert wurde der Test an 1322 Kindern in den Jahren 2004 bis 2005, wobei laut Manual eine Überrepräsentation von Mittelschichtkindern vermutet werden muss.

Anwendung findet der Test unter anderem in der Entwicklungsdiagnostik. Ergebnisse weiterführender Analysen zur Eignung des Tests über die reine Erfassung der kognitiven Fähigkeiten hinaus stehen noch aus.

Adaptives Intelligenzdiagnostikum 2 (AID 2; Kubinger / Wurst 2000):
Auch beim AID 2 orientierte man sich an der Theorie von Wechsler. Der Test wurde nach der probabilistischen Testtheorie (PTT) erstellt (siehe Kapitel 2). Ziel des Einzeldiagnostikums ist die förderorientierte Erfassung komplexer und basaler Kognitionen von Kindern und Jugendlichen im Altersbereich von 6 bis 15;11 Jahren. In zwei Testteilen werden zum einen „verbal-akustische" und zum anderen „manuell-visuelle"

Fähigkeiten erfasst. Beide Teile bestehen aus insgesamt elf Untertests und drei optionalen Zusatztests. Die PTT als Testgrundlage ermöglicht es, acht Untertests adaptiv, das heißt dem Fähigkeitsniveau der Testperson entsprechend, vorzugeben.

Die Durchführungsdauer der elf Untertests variiert in Abhängigkeit von der Aufgabenauswahl zwischen 30 und 75 Minuten (plus weitere 10 bis 15 Minuten für die optionalen Tests). Die Auswertung nimmt etwa 10 Minuten in Anspruch.

Eine Besonderheit des AID 2 ist das Konzept der *Intelligenzquantität*. Sie entspricht der niedrigsten Untertestleistung, wird als Prozentrang angegeben und als die „kognitive Mindestfähigkeit" der Person interpretiert. Die Interpretation eines Intelligenzquotienten als Schätzer der allgemeinen intellektuellen Leistungsfähigkeit war beim AID 2 ursprünglich nicht vorgesehen, wurde jedoch wegen starker Nachfrage aus der Praxis mittels zusätzlichem Auswertungsblatt nachträglich ermöglicht.

Die (Auswertungs-)Objektivität des AID 2 ist teilweise eingeschränkt, denn durch den Zwang des sofortigen Auswertens der Aufgaben bei adaptiver Testvorgabe muss mit Testleitereffekten gerechnet werden. Da das AID 2 nach den Regeln der PTT konstruiert wurde, ist die Bestimmung einer globalen Reliabilität des Tests nicht vorgesehen. Es werden stattdessen Standardschätzfehler pro Person und Fähigkeit ermittelt, mit denen dann Vertrauensintervalle für jeden Untertest gebildet werden können. Reliabilitätsstudien im Sinne der KTT wurden aber bei der Vorgängerversion (AID) vorgenommen: Dabei ergaben sich ausreichende bis gute Testhalbierungs- und Retest-Reliabilitäten.

Validitätsbelege liegen für den AID 2 bisher nicht vor. Validitätsnachweise für die Vorgängerversion (AID) liefern ↑ Faktorenanalysen, Extremgruppenvergleiche (Kinder hochintelligenter Eltern vs. Sonderschülerinnen und -schüler) und Korrelationen des AID mit konstruktnahen (z. B. SPM, CFT 20) und konstruktfernen Tests (z. B. Persönlichkeitsfragebögen). Die Normdaten des AID 2 stammen von 977 Kindern und Jugendlichen aus Deutschland und Österreich, die in den Jahren 1995 bis 1997 erhoben wurden und somit relativ alt sind.

Der AID 2 findet besonders in der förderorientierten Schullaufbahndiagnostik und vermehrt auch bei anderen pädagogischen Fragen Anwendung.

Kaufman-Testbatterien

Kaufman Assessment Battery for Children – Deutsche Version (K-ABC; Melchers / Preuß 1994): Die K-ABC überprüft als Individualtest mit insgesamt 16 Untertests Intelligenz- und Fertigkeitsniveaus von Kindern zwischen 2;6 und 12;5 Jahren. Auf der Grundlage des Modells von Horn und Cattell (1966) differenziert die K-ABC *fluide* und *kristalline Intelligenz* (siehe Kapitel 1), gemessen über vier Skalen: Die Skala einzelheitlichen Denkens und die Skala ganzheitlichen Denkens werden zur Skala intellektueller Fähigkeiten (fluide Intelligenz) aggregiert; eine Fertigkeitenskala erfasst die kristalline Intelligenz in Form von Faktenwissen, Sprachkonzepten und schulbezogenen Fertigkeiten. Zusätzlich kann ab vier Jahren eine sprachfreie Skala für hörgeschädigte, sprach- und sprechgestörte sowie nicht der deutschen Sprache mächtige Kinder zusammengestellt werden (Instruktionen in gestisch-mimischer Form). Die Bearbeitungszeit des Verfahrens liegt zwischen 30 und 85 Minuten (je nach der Anzahl der vorgegebenen Untertests). Für die Auswertung liegt ein unterstützendes Computerprogramm vor.

Die Objektivität des Tests ist gegeben, die Reliabilität der Gesamtskalen ist gut bis sehr gut – die Stichprobe zur Schätzung der Retest-Reliabilität ist allerdings sehr klein (N = 24) und das Retest-Intervall relativ kurz gehalten. Auch die Validität der K-ABC kann weitestgehend als gut gelten. Leider wurde jedoch die Normierungsstichprobe (N = 3098) in den Jahren 1986 bis 1989 getestet. Die Normen sollten daher dringend aktualisiert werden.

Eingesetzt wird die K-ABC vor allem bei jüngeren und mental retardierten Kindern. Eine Studie zur Diagnostik von Teilleistungsschwächen bei geistig behinderten Erwachsenen liegt ebenfalls vor (Maluck / Melchers 1998).

Kaufman Test zur Intelligenzmessung für Jugendliche und Erwachsene (K-TIM; Melchers et al. 2006): Der K-TIM ist ein mehrdimensionaler Intelligenztest für die Einzeltestung. Er ist ab elf Jahren bis ins hohe Seniorenalter (80 Jahre und älter) normiert und hat folglich einen Überlappungsbereich von anderthalb Jahren mit der K-ABC. Wie diese differenziert auch der K-TIM fluide und kristalline Intelligenz (siehe Kapitel 1). Jede dieser Komponenten wird durch jeweils vier Untertests erfasst, die gemäß einem theoretischen Modell von Luria spezifisch auf die entwicklungsbedingten kognitiven und neurologischen Unterschiede zwischen Kindern und Jugendlichen bzw. Erwachsenen abgestimmt sind. Zwei weitere Untertests dienen nicht der Intelligenzmessung im engeren Sinne, sondern erfassen die Gedächtnisleistung (unmittelbare und verzögerte Reproduktion). Ein Gesamt-IQ ist durch Aufsummierung der fluiden und kristallinen Intelligenz ermittelbar, sollte jedoch nur interpretiert werden, wenn sich die Werte der beiden Skalen nicht signifikant voneinander unterscheiden.

Aufgrund der Standardisierung genügt der Test dem Gütekriterium der Objektivität. Die Zuverlässigkeit der Subskalen sowie des Gesamt-IQ ist als gut bis sehr gut zu bezeichnen. Geschätzt wurde die Reliabilität vorrangig über die Testhalbierungsmethode. Bei den Retest-Koeffizienten griff man nur auf Untersuchungen mit der amerikanischen Originalfassung zurück. Beim K-TIM wurde bisher vorrangig die Konstruktvalidität nachgewiesen. Belege für die Kriteriumsvalidität liegen bislang kaum vor. Hier wird im Handbuch meist auf Untersuchungen mit dem amerikanischen Original verwiesen. In den Jahren 2000 bis 2003 wurden von 2 320 Personen Daten für die Normierung erhoben, wobei die Stichprobe als weitgehend repräsentativ für Deutschland, Österreich, die Schweiz und Südtirol gelten kann.

Neben den Bereichen der Allgemein-, Erziehungs-, Beratungs- und Arbeitspsychologie wird laut den Autoren eine Domäne des K-TIM v. a. darin bestehen, bei Patienten mit bereits gestellter Diagnose eine differenzierte Intelligenz- und Leistungsbeurteilung zu gewährleisten, die verbliebene Leistungsmöglichkeiten genauso darstellt wie den Förder- und Rehabilitationsbedarf.

Grundintelligenztests

Tests, welche die fluide Intelligenz (siehe Kapitel 1) mit zumeist figuralem Aufgabenmaterial erfassen, werden häufig auch als Potential- oder Grundintelligenztests bezeichnet.

CFT 20-R Grundintelligenztest Skala 2 – Revision (CFT 20-R; Weiß 2006): Mit der Konstruktion der CFT-Reihe ("culture fair test"; CFT 1, CFT 20-R, CFT 3) sollte die fluide Intelligenz valide, ökonomisch und möglichst frei von kulturellen Einflüssen erfasst werden, um so zu ermitteln, was ein Kind lernen *könnte*, nicht, was es „auf Grund besonderer Umweltbedingungen in der Vergangenheit lernen konnte" (Weiß 2006, 11). Hier soll exemplarisch der CFT 20-R (für Kinder und Jugendliche von 8;5 bis 19 Jahren bzw. Erwachsene von 20 bis 60 Jahren) vor-

gestellt werden, der unlängst revidiert und neu normiert wurde. Als ergänzende Zusatztests zur Erfassung kristalliner Intelligenzanteile (siehe Kapitel 1) liegen aus der Vorgängerversion außerdem noch ein Wortschatz- und ein Zahlenfolgentest vor, auf die hier jedoch nicht näher eingegangen werden soll.

Der CFT 20-R besteht aus zwei weitgehend identisch aufgebauten Testteilen mit Aufgaben zu je vier Subtests (Reihenfortsetzen, Klassifikationen, Matrizen, Topologien), welche ausschließlich bildlich-figural dargeboten werden.

Die Durchführung ist sowohl als Individual- als auch als Gruppentest möglich und nimmt in der Komplettfassung etwa eine Stunde in Anspruch. Seit 2005 ist außerdem eine computerbasierte Fassung des Tests verfügbar.

Die Objektivität ist durch die vollständige Standardisierung des Verfahrens gegeben, die innere Konsistenz für den Gesamttest und die Retest-Reliabilität fallen gut aus. Das Manual enthält zusätzliche Informationen zum Vergleich des CFT 20-R mit seinen Vorgängerversionen sowie zu Übungseffekten bei wiederholter Darbietung. Außerdem finden sich dort Belege für die Konstruktvalidität. Die Korrelationen mit Schulnoten liegen zwischen .35 (Deutsch) und .49 (Mathematik). Zur prognostischen Validität des CFT 20-R liegen noch keine Befunde vor. Die Normierung aus den Jahren 2003 bis 2004 scheint bis zum Alter von 19 Jahren hinreichend. Danach liegen jedoch nur noch extrapolierte Normen in 5-Jahres-Schritten für Teil 1 des Tests vor.

Angewendet wird der CFT 20-R in der Schul-, Bildungs- und Berufsberatung sowie bei Forschungsfragen. Wegen seiner relativen Sprachfreiheit ist sein Einsatz auch bei der Zuweisung zu Fördermaßnahmen sowie in der Diagnostik von Underachievement (erwartungswidrige Minderleistung) sinnvoll.

Raven Progressive Matrizentests (RPM): Konstruiert wurden die RPM als sprachfreie, rein figurale Verfahren (ausschließlich figurale Matrizenaufgaben) zur Erfassung des g-Faktors nach Spearman (siehe Kapitel 1). Jensen (1998) fand in faktorenanalytischen Untersuchungen tatsächlich einen großen Zusammenhang zwischen den RPM und dem g-Faktor. Eingeordnet in das Intelligenzmodell von Cattell erfassen die RPM den fluiden Anteil der Intelligenz.

Die RPM sind in drei verschiedenen Versionen unterschiedlicher Schwierigkeit erschienen. Die Coloured Progressive Matrices (CPM; Alterszielgruppe 3;9 bis 11;8 Jahre; Raven 1947; Raven et al. 2002) weisen die geringste, die Standard Progressive Matrices (SPM; ab 6 Jahren; Raven 1936, 1998) eine mittlere und die Advanced Progressive Matrices (APM; ab 12 Jahren; Raven 1962; Raven et al. 1998) die höchste Schwierigkeit auf. Alle Versionen der RPM können sowohl in der Einzel- als auch in der Gruppentestung eingesetzt werden.

Die Durchführungsdauer der RPM liegt je nach Version bei ein bis anderthalb Stunden, die Auswertung dauert wenige Minuten. Für die CPM liegen außerdem eine parallele Testform sowie eine Boardform vor, bei der die Antwortmöglichkeiten bewegliche Teile darstellen, welche von der Testperson ausgewählt und in die Aufgabe eingefügt werden können. Für die SPM und die APM liegen außerdem computergestützte Versionen vor.

Die Objektivität der SPM und APM ist gegeben, ihre Reliabilitätskoeffizienten liegen im ausreichenden bis guten Bereich. Validitätsstudien der SPM und APM befassen sich vorrangig mit der Konstruktvalidität. Für die APM liegen außerdem schwache bis mittlere Zusammenhänge mit Schulnoten als externem Kriterium vor. Für die deutschen Normen der CPM fehlen dagegen Nachweise der Gütekriterien, weswegen man Ergebnisse der CPM durch weitere Verfahren zur Erfassung der fluiden Intelligenz absichern sollte.

Als klassische Vertreter der figuralen Matrizentests kommen die RPM in Forschung und Praxis besonders dort zum Einsatz, wo der g-Faktor möglichst ökonomisch erfasst werden soll.

Intelligenzstrukturtests

Intelligenz-Struktur-Test 2000 R – zweite, erweiterte und überarbeitete Auflage (I-S-T 2000 R (erw.); Liepmann et al. 2007): Wie seine Vorgänger (I-S-T 70, I-S-T 2000 und I-S-T 2000 R) stellt der I-S-T 2000 R (erw.) ein Testverfahren dar, das fünf der sieben verschiedenen Intelligenzbereiche im Sinne Thurstones sowie die Generalfaktoren „Wissen/g_c" und „Schlussfolgerndes Denken/g_f" sensu Cattell durch ein Grund- und ein Erweiterungsmodul erfasst. Fünf der sieben Primärfaktoren von Thurstone (Verbale Intelligenz, Numerische Intelligenz, Figurale Intelligenz, Schlussfolgerndes Denken, Merkfähigkeit) können mittels Grundmodul erfasst werden. Es besteht die Möglichkeit, eine Grundmodul-Kurzform (ohne Merkfähigkeit) durchzuführen. Das Erweiterungsmodul bietet außerdem einen separat auswertbaren Wissenstest an, der sich nach sechs Themenbereichen (Geographie/Geschichte, Wirtschaft, Kunst / Kultur, Mathematik, Naturwissenschaften, Alltag) sowie drei Kodierungsarten (verbal, numerisch, figural) kategorisieren lässt. Die Autoren raten, die Module nicht isoliert anzuwenden und mindestens die Grundmodul-Kurzform durchzuführen. Die Durchführung des Grundmoduls inklusive der Aufgaben zur Merkfähigkeit dauert zwei Stunden (plus zusätzliche 45 Minuten für den Wissenstest). Die Auswertung nimmt in etwa 15 Minuten in Anspruch. Der I-S-T 2000 R (erw.) kann sowohl als Individualtest als auch als Gruppentest eingesetzt werden. Es existieren mittlerweile drei parallele Testformen (A, B, C), von denen zwei (A, B) lediglich die gleichen Aufgaben, in unterschiedlicher Reihenfolge dargeboten, beinhalten und für Grund- und Erweiterungsmodul einsetzbar sind. Die Form C wurde für den I-S-T 2000 R (erw.) neu entwickelt und stellt eine echte Parallelform des Grundmoduls dar. Der Test ist im Altersbereich von 15 bis 60 Jahren anwendbar.

Das Verfahren kann als hinreichend objektiv gelten. Die Schätzer der inneren Konsistenz sind ausreichend bis gut. Es fehlen aber Untersuchungen zur Retest-Reliabilität. Die Binnenstruktur des Tests konnte durch Validitätsstudien nachgewiesen werden, es existieren außerdem Zusammenhangsstudien zu externen Kriterien (z.B. Schulnoten, Arbeitszufriedenheit). Für das Grundmodul liegen umfangreiche Normen (N = 5847) vor, wobei leider das genaue Vorgehen bei der Normstichprobenerhebung unklar bleibt (inkl. Angaben darüber, wann die Normdaten erhoben wurden). Für das Erweiterungsmodul existieren weniger umfangreiche Normen (N = 661). Kritisch ist unter anderem anzumerken, dass zwar Geschlechtsunterschiede zugunsten des männlichen Geschlechts beobachtet wurden, auf eine Erstellung geschlechtsspezifischer Normen jedoch verzichtet wurde.

Der I-S-T 2000 R findet eher bei Personalentscheidungen Anwendung und seltener im pädagogischen Beratungskontext.

Berliner Intelligenzstruktur-Tests BIS-4 und BIS-HB: Sowohl der *Berliner Intelligenzstruktur-Test, Form 4 (BIS-4; Jäger et al. 1997)* als auch der *Berliner Intelligenzstrukturtest für Jugendliche: Begabungs- und Hochbegabungsdiagnostik (BIS-HB; Jäger et al. 2006)* basieren auf dem Berliner Intelligenzmodell (siehe Kapitel 1). Zielgruppe des BIS-4 sind Jugendliche und junge Erwachsene, Zielgruppe des BIS-HB Jugendliche zwischen 12 und 16 Jahren. Beide Tests umfassen 45 verschiedene Aufgabentypen, welche die durch das BIS-Modell postulierten Facetten der Intelligenz abbilden: Die operativen Fähigkeiten umfassen Verarbeitungskapazität,

Einfallsreichtum, Bearbeitungsgeschwindigkeit und Merkfähigkeit; die inhaltsgebundenen Fähigkeiten sind sprachgebundenes, zahlengebundenes und figural-bildhaftes Denken. Die Erfassung von Einfallsreichtum als Maß der Kreativität stellt eine Besonderheit der Tests dar, da Ideenflüssigkeit und -vielfalt über alle drei Inhaltsbereiche erfasst werden. Aus der Kombination aller Kategorien ergibt sich die allgemeine Intelligenz.

Der BIS-4 und der BIS-HB können als Einzel- oder als Gruppentest durchgeführt werden. Die Durchführung dauert knapp drei Stunden. Eine Kurzform (dauert etwa 50 Minuten) zur Erfassung der Verarbeitungskapazität und der allgemeinen Intelligenz liegt jeweils vor.

Der BIS-4 ist (mit einigen Einschränkungen bei den Einfallsreichtum-Aufgaben) als objektiv zu bezeichnen. Bezüglich der Reliabilität ergibt sich für die Standardform des BIS-4, nicht jedoch für die Kurzform, das Bild einer insgesamt hinreichenden Reliabilität. Dabei wird jedoch der Aspekt der Profilreliabilität (siehe Kapitel 5) ausgespart, der für die intendierten Profilauswertungen und -interpretationen unabdingbar ist (Krampen 1998). Die Übereinstimmung des Tests mit dem zugrunde liegenden Modell wurde mehrfach überzeugend gezeigt. Die Kriteriumsvalidität wurde für Schulnoten und leistungsbezogene Selbsteinschätzungen oder Leistungen in Beamtenprüfungen empirisch belegt. Die Normen (N = 478) beziehen sich auf die Altersgruppen 16–17 und 18–19 Jahre, müssen aber (seit über 10 Jahren) als vorläufig gelten.

Bisher wird der BIS-4 hauptsächlich in der Forschung sowie zur differenzierten Intelligenzdiagnostik, u. a. im personalpsychologischen Bereich eingesetzt.

Bezüglich der Hauptgüteindizes gilt beim BIS-HB ähnliches wie beim BIS-4. Normiert wurde der BIS-HB in den Jahren 2002 / 2003 an insgesamt 1328 Schülerinnen und Schülern an Hauptschulen, Realschulen, Gymnasien und speziellen Begabtengymnasien. Altersnormen liegen für insgesamt vier Gruppen (12;6 bis 16;5) vor. Geeignet ist der BIS-HB vor allem für die differenzierte (Hoch-)Begabungsdiagnostik.

Literatur

In der von Ernst Fay herausgegebenen Reihe **Tests unter der Lupe** *liegen für viele Verfahren Rezensionen vor. Im* **Brickenkamp Handbuch psychologischer und pädagogischer Test** *von Brähler et al. (2002) werden ebenfalls viele IQ-Tests ausführlicher dargestellt als das hier möglich war. Darüber hinaus erscheinen in vielen Fachzeitschriften regelmäßig Testrezensionen (z.B.* **Diagnostica, Report Psychologie, Zeitschrift für Pädagogische Psychologie**).

Ein Anwendungsbeispiel

5

In diesem Kapitel werden wir anhand eines konkreten Beispiels einige in der Testpraxis immer wiederkehrende Themen ansprechen. Diese Themen sind: Umgang mit divergierenden Testbefunden bei derselben Person, IQ und Aussagen über die Zukunft sowie Interpretation von IQ-Testprofilen. Dazu wollen wir uns mit Thorsten (Name geändert) beschäftigen, einem 14-jährigen Jungen, der die 8. Klasse eines Gymnasiums besucht. Thorsten wurde von seinen Eltern im Sommer 2007 im *Zentrum für Psychologische Diagnostik und Evaluation* (ZDiag) der Universität Trier vorgestellt. Seine schulischen Leistungen hatten in den letzten Monaten stark nachgelassen, und die Eltern fragten sich, welche Gründe hierfür verantwortlich seien. Nach Ausfüllen eines ausführlichen biografischen Fragebogens und nach einem Anamnesegespräch entstand die Hypothese, dass Thorsten aufgrund einer überdurchschnittlichen Begabung mit besonderen Stärken im mathematisch-naturwissenschaftlichen Bereich in der Schule unterfordert sei, sich langweile und sich daher zunehmend zurückzog. Thorstens intellektuelle Fähigkeiten wurden mit zwei Intelligenztests erfasst, dem BIS-HB und dem HAWIK-III (siehe Kapitel 4). Die jeweiligen Testergebnisse sind in den Tabellen 4 und 5 aufgeführt.
Die Ergebnisse in beiden Tests weisen auf eine überdurchschnittliche allgemeine Intelligenz hin. Besondere Stärken Thorstens scheinen nach dem BIS-HB im Bereich der Verarbeitungskapazität, der Merkfähigkeit und der numerischen Intelligenz zu liegen. Insgesamt erscheint sein Fähigkeitsprofil jedoch eher ausgeglichen mit Werten im durchschnittlichen bis überdurchschnittlichen Bereich. Lediglich der Wert für Einfallsreichtum aus dem BIS-HB ist unterdurchschnittlich. Im HAWIK-III liegen alle Werte, bis auf den für Arbeitsgeschwindigkeit, im weit überdurchschnittlichen Bereich. Auffällig ist, dass die meisten Werte im HAWIK-III, insbesondere auch der Gesamt-IQ, höher ausfallen als im BIS-HB. Wie sind diese abweichenden Befunde einzuordnen, und wie geht man damit um?

Tabelle 4: Thorstens Testergebnisse im BIS-HB (IQ: Intelligenzquotient; PR: Prozentrang)

BIS-HB	IQ	Vertrauens-bereich (95 %)	PR	extrem niedrig	sehr niedrig	niedrig	durchschnittlich	hoch	sehr hoch	extrem hoch
IQ / PR				70 / 2	80 / 9	90 / 25 — 100 / 50	110 / 75	120 / 91	130 / 98	
Einfallsreichtum	70	64 – 84	2	●						
Bearbeitungs-geschwindigkeit	118	106 – 125	88					●		
Merkfähigkeit	130	112 – 136	98							●
Verarbeitungs-kapazität	133	122 – 138	99							●
Verbale Intelligenz	110	100 – 118	75				●			
Figural-bildhafte Intelligenz	116	103 – 124	86					●		
Numerische Intelligenz	125	112 – 132	95						●	
Allgemeine Intelligenz	118	111 – 124	88					●		
Verbale Beschreibung:										

reich liegt, da der Betrag der korrigierten Differenz kleiner als die kritische ist.

Gemäß den Ausführungen in Kapitel 2 wollen wir das Ergebnis folgendermaßen interpretieren: Die IQ-Diskrepanz zwischen der numerischen und der verbalen Intelligenz Thorstens ist reell und lässt sich nicht einfach durch den Messfehler der Skalen erklären. Thorsten weist demnach eine signifikant höhere Begabung im numerischen als im verbalen Bereich auf. Die gemessene Differenz liegt aber noch im Bereich der Norm der zugrunde liegenden Eichpopulation. Schließt man nun eine mess- und schätzfehlerkritische Analyse der Testwertdifferenz an, so würde dabei bestätigt, dass es sich messtechnisch um einen reellen Unterschied handelt, dass ein solcher Unterschied bei zweiseitiger Testung aber bei fast 10 % der Eichpopulation aufzufinden und damit als relativ normal zu bewerten ist.

In ähnlicher Art und Weise könnte man auch vorgehen, wenn man gezielte Hypothesen bezüglich zweier Skalenwerte des HAWIK-III hätte. Das Manual des HAWIK-III bietet bereits Tabellen mit den entsprechenden Angaben zur statistischen Signifikanz von Wertdifferenzen und deren Häufigkeit in der Eichstichprobe an. Wollte man dagegen ganz allgemein untersuchen, ob Thorsten besondere „Stärken" oder „Schwächen" hat, könnte man auch auf die Idee kommen, einfach alle möglichen Paarvergleiche zu errechnen, um sich dann anzusehen, welche statistisch signifikant würden. Ein solch einfaches Vorgehen verbietet sich allerdings, denn ganz allgemein formuliert steigt mit der Anzahl der einzelnen Paarvergleiche auch die Wahrscheinlichkeit von Scheinsignifikanzen, nach denen ein Unterschied nur zufällig statistisch signifikant erscheint und inhaltlich nicht von Bedeutung ist. Testete man alle möglichen Paarvergleiche durch, dann wäre die kritische Differenz jeweils deutlich größer (Titze / Tewes 1994). Die Betrachtung von Unterschieden mittels kritischer Differenzen ist damit als Hypothesenprüfung zu verstehen: Man benötigt explizite Vermutungen, ob die Leistung der Testperson in einem Bereich signifikant von ihrer Leistung in einem anderen Bereich abweicht.

3. Validität der Skalen: Die Interpretation statistisch bedeutsamer Unterschiede zwischen Skalen ergibt nur einen Sinn, wenn die einzelnen Skalen auch inhaltlich sinnvoll interpretierbar sind. Oft ist jedoch gar nicht so klar zu sagen, was die einzelnen Skalen messen. Für den BIS-HB kann man beispielsweise davon ausgehen, dass man es bei einem

Tabelle 5: Thorstens Testergebnisse im HAWIK-III (IQ: Intelligenzquotient; PR: Prozentrang; WP: Wertpunkte)

HAWIK-III	IQ	Vertrauensbereich (95 %)	PR
Verbalteil	144	136–148	99,8
Handlungsteil	125	115–131	95
Gesamtwert	136	129–140	99
Zusatzindizes		WP	PR
Sprachverständnis		65	99,8
Wahrnehmungsorganisation		54	95
Unablenkbarkeit		33	99,7
Arbeitsgeschwindigkeit		25	82
Verbale Beschreibung:			

Skala oben:

IQ	70	80	90	100	110	120	130
PR	2	9	25	50	75	91	98

| PR | 2 | | 9 | 16 | 25 | | 50 | 75 | 84 | 91 | 98 |
| WP | 4 | | 6 | | 8 | | 10 | 12 | | 14 | 16 |

Verbale Beschreibung: unterdurchschnittlich — durchschnittlich — überdurchschnittlich

Umgang mit abweichenden Testergebnissen: In diesem Abschnitt widmen wir uns dieser Frage am Beispiel der unterschiedlichen Ergebnisse für den Gesamt-IQ (BIS-HB = 118; HAWIK-III = 136). Im konkreten Fall kann man nun verschiedene Hypothesen bilden. Erstens sind die Normen der beiden Tests unterschiedlich alt. Nach Flynn (1987) muss man bei steigendem Alter der Normen mit steigenden IQs rechnen. Die Normstichprobe für den HAWIK-III wurde in den Jahren 1995–1998 erhoben, die für den BIS-HB 2002-2003.

Zweitens ist IQ nicht gleich IQ! Die Konstruktvalidität beider Gesamt-IQs ist aufgrund der unterschiedlichen erfassten Fähigkeiten, die in dieses Gesamtmaß jeweils einfließen, nicht identisch. Der Gesamt-IQ des HAWIK-III spiegelt zum Beispiel in stärkerem Maße kristalline Anteile der Intelligenz wider, also mehr „schulbezogenes Wissen" als dies beim BIS-HB der Fall ist.

Drittens unterscheidet sich der Anwendungsschwerpunkt beider Tests: Während der HAWIK-III neben dem durchschnittlichen auch den Bereich unterdurchschnittlicher Fähigkeit abdecken will (z. B. Diagnostik von Lernbehinderungen, Teilleistungsstörungen und allgemeiner intellektueller Minderbegabung als Anwendungsgebiet), deckt der BIS-HB neben dem durchschnittlichen auch den überdurchschnittlichen Fähigkeitsbereich (Hochbegabung) ab. Zudem sind in der Eichstichprobe des BIS-HB Gymnasiasten im Vergleich zur gesamten Schülerpopulation leicht überrepräsentiert. Entsprechend unterscheidet sich vermutlich die mittlere Aufgabenschwierigkeit beider Tests. Während der BIS-HB damit eher konservativere Intelligenzschätzungen erbringt (d. h. er unterschätzt den IQ eher als dass er ihn überschätzt), führt der HAWIK-III insbesondere bei älteren oder intelligenteren Probanden wahrscheinlich eher zu einer Überschätzung der Intelligenz.

Viertens kann man die abweichenden Ergebnisse auch durch die zeitliche Abfolge der Tests erklären: Die Testung mit dem HAWIK-III fand ca. zwei Wochen nach der BIS-HB Testung statt. Selbst bei verschiedenen Tests muss man durchaus mit Übungseffekten bei nahezu allen Aufgabentypen rechnen. Dazu kommen noch allgemeine Effekte der Testsituation: Bei der ersten IQ-Testung ist man gewöhnlich aufgeregter, nervöser und ängstlicher als bei Folgeuntersuchungen. Man weiß noch nicht, was einen bei einer IQ-Testung erwartet, wie ein Test abläuft, wie nett der Testleiter ist (etc.). Diese Hypothese wird dadurch erhärtet, dass Thorsten bei der BIS-HB Testung tatsächlich angab, nervös und aufgeregt zu sein und unter einem gewissen Leistungsdruck zu stehen. Dies alles kann sich im gewissen Umfang negativ auf ein Testergebnis auswirken.

Schließlich und endlich können auch manche Detailinformationen wichtig für die Interpretation des Testbefundes sein: Thorsten erzählte nämlich, dass er eine Art Mosaik-Test auch als Spiel zu Hause besitzt. Tatsächlich schneidet er im Untertest „Mosaik-Test" des HAWIK-III, dessen Ergebnis natürlich auch in den Gesamt-IQ einfließt, sehr gut ab. Außerdem gab er während und nach der Testung an, dass er überhaupt keine Lust auf die Aufgaben zur Skala Einfallsreichtum hatte. Dies trug eventuell dazu bei, dass er bei dieser Skala deutlich unterdurchschnittlich abschnitt. Der Skalenwert fließt natürlich trotzdem in den Gesamt-IQ ein, sodass dieser dadurch auch niedriger ausfällt. Damit haben wir einen weiteren Hinweis zur Erklärung der gefundenen Punktdifferenz zwischen den beiden IQ-Tests.

Für Thorsten und seine Eltern stellt sich nun natürlich die Frage, was mit den Testergebnissen im Hinblick auf die Schulsituation anzufangen ist. Im weiteren Gespräch wurde die Idee erörtert, ob es sinnvoll ist, dass Thorsten eine Klasse überspringt oder auch nur in bestimmten Fächern, in denen seine besonderen Stärken liegen, am Unterricht höherer Klassen teilnimmt. In den beiden nachfolgenden Abschnitten geht es nun um genau diese Fragen. Welche Aussagen machen die Testergebnisse bezüglich zukünftiger Leistungen, und geben sie Hinweise auf besondere Stärken Thorstens?

IQ und Aussagen über die Zukunft: Im Kapitel 2 haben wir angemerkt, dass die jeweilige Fragestellung durchaus praktische Konsequenzen für den Umgang mit Testwerten hat, zum Beispiel bei der Auswahl des Reliabilitätskoeffizienten. In unserem Beispiel wurden die in den Tabellen 4 und 5 berichteten Vertrauensintervalle mit Reliabilitätsschätzern für die innere Konsistenz errechnet. Nehmen wir als Beispiel die BIS-HB Skala „Allgemeine Intelligenz", welche bei Thorsten 118 beträgt. Das Vertrauensintervall, das mit Hilfe von ↑ Cronbachs α (siehe auch Kapitel 2) errechnet wurde, beträgt 111 bis 124. Bei einer prognostischen Fragestellung, wie der Frage nach dem Überspringen einer Klasse, sollte man die Vertrauensintervalle bei sonst gleichen Bedingungen dagegen besser über Reliabilitätsschätzer errechnen, die mit Hilfe der Retest-Methode gewonnen wurden. Denn hier spielt unter anderem auch die Frage eine Rolle, ob zukünftig mit ähnlichen intellektuellen Leistungen zu rechnen ist. Im Handbuch des BIS-HB finden wir einen passenden Schätzwert von .84. Daraus ergibt sich bei einer Sicherheit von 95 % ein Vertrauensintervall von 106 bis 130 ($SE_x = 15 \cdot \sqrt{1 - .84} = 6$; $VI = 118 \pm 6 \cdot 1.96 = 118 \pm 11.76$; Äquivalenzhypothese) bzw. 104 bis 126

$(SE_T = 15 \cdot \sqrt{.84 \cdot (1 - .84)} = 5.5$; $X'_i = .84 \cdot 118 + 100 \cdot (1 - .84) = 115.12$;

$VI = 115.12 \pm 5.5 \cdot 1.96 = 115.12 \pm 10.78$; Regressionsmethode). Es wird auch deutlich, dass das Vertrauensintervall bei Verwendung der Retest-Reliabilität als Reliabilitätsschätzer größer ist als bei Verwendung der inneren Konsistenz.

Was können wir aus den Berechnungen für Thorsten und die Frage des Klassenüberspringens folgern? Diese Frage ist natürlich nicht nur auf Basis von IQ-Testergebnissen zu beantworten (siehe hierzu Heinbokel 1996, Vock et al. 2007). Die gemeinsame Betrachtung der eher konservativen Intelligenzschätzung durch den BIS-HB und der wahrscheinlich leichten Überschätzung der allgemeinen Intelligenz durch den HAWIK-III lässt jedoch auf eine überdurchschnittliche allgemeine Intelligenz und ein eher ausgeglichenes Fähigkeitsprofil (siehe unten) schließen. Beides unterstützt das Überspringen einer Klasse als Fördermöglichkeit. Das relativ breite Vertrauensintervall unterstreicht dabei aber, dass eine Entscheidung bezüglich einer pädagogischen Intervention – insbesondere auch, wenn es um Prognosen geht – nie *allein* auf Ergebnissen aus Intelligenztests aufbauen sollte. Ganz allgemein soll uns das relativ breite Vertrauensintervall der Testwerte auch bewusst machen, dass die Werte, die man mit IQ-Tests erhält, Schätzungen sind. Bei der Interpretation eines IQ-Wertes sollte man immer bedenken, dass neben der „wahren" kognitiven Leistungsfähigkeit auch andere Faktoren Einfluss auf die Testergebnisse nehmen. Manche Faktoren wie Müdigkeit, nicht korrigierte Sehfähigkeit oder Störungen während der Testung lassen sich relativ leicht identifizieren und bei der Bewertung des Ergebnisses berücksichtigen. Andere Faktoren sind für den Untersucher nicht so leicht erkennbar, weswegen man bei prognostischen Aussagen sehr vorsichtig sein und sich nie auf nur eine Informationsquelle verlassen sollte. Für die Frage des Überspringens heißt das im Fall von Thorsten zum Beispiel, dass seine IQ-Werte im Zusammenhang mit den Einstellungen aller Betroffenen (Thorsten, seine Elter sowie die Lehrkräfte der abgehenden und aufnehmenden Klasse), mit Thorstens schulischen Leistungen und den vorhandenen Ressourcen (z. B. Angebot von Förderunterricht in den ersten Wochen) (etc.) zur Entscheidung für oder gegen das Überspringen beitragen können.

Interpretation von Testprofilen: Hat Thorsten nun besondere Stärken oder Schwächen? Nach den Informationen aus Vorabfragebogen und anamnestischem Gespräch waren besondere Stärken Thorstens im mathematisch-naturwissenschaftlichen Bereich erwartet worden, also im Hinblick auf den BIS-HB besondere Stärken in Verarbeitungskapazität und numerischer Intelligenz. Sieht man sich die BIS-HB-Werte an, so drängen sich förmlich Aussagen auf wie „Thorstens stärkste Fähigkeit ist eindeutig die Verarbeitungskapazität", „Numerisches Denken liegt Thorsten mehr als verbales Denken" oder – wenn man den HAWIK-III heranzieht – „Der Verbal-IQ ist bei Thorsten besser ausgeprägt als sein Handlungs-IQ". Solche Aussagen stellen eine Interpretation der Testwertprofile dar, bei deren Beurteilung man im Allgemeinen drei Aspekte unterscheiden kann (Huber 1973): *Profilhöhe, Profilstreuung* und *Profilgestalt*. Wir werden uns hier vorrangig mit der Profilhöhe und dem Vergleich von einzelnen Profilwerten beschäftigen.

Sind die zuvor gemachten Aussagen über Thorstens Fähigkeiten nun zulässig oder nicht? Hierbei sind insbesondere drei Punkte zu berücksichtigen:

1. Reliabilität der Unterschiede bzw. Interkorrelation der Skalen: Um ein Testprofil zu beurteilen, kann man sich zunächst die Profilreliabilität ansehen. Nach Lienert und Raatz (1998) ist sie dann am größten, wenn die Einzeltests bzw. -skalen hoch reliabel sind und zugleich niedrig interkorrelieren. Damit steigt die Wahrscheinlichkeit, in der Population Personen zu finden, deren Leistungen in den beiden Einzeltests bzw. -skalen voneinander abweichen, also auch dafür, dass auftretende Unterschiede in Profilen reliabel sind. Die Reliabilität der Skalen sowohl des BIS-HB als auch des HAWIK-III ist gut bis sehr gut (siehe Kapitel 4), die Skaleninterkorrelation zum Teil allerdings recht hoch (Tabelle 6 und Tabelle 7).

Der Reliabilitätskoeffizent eines Profils vermittelt allerdings nur eine erste Orientierung zur globalen Bewertung der Profilleistungsfähigkeit. Zur Interpretation von Profilwertdifferenzen ist er praktisch unbrauchbar. Geeigneter ist hier der Test, ob sich zwei Skalenwerte statistisch voneinander unterscheiden.

2. Statistische Signifikanz der Leistungsunterschiede: Um zu prüfen, ob die gefundenen Leistungsunterschiede über einen durch den Messfehler der Skalen zu erwartenden Unterschied hinausgehen, sollte man sich die Konfidenzintervalle der einzelnen Skalen ansehen. Denn für die Deutbarkeit eines Profils wird gefordert, dass sich deren Konfidenzintervalle nicht übermäßig – im Optimalfall überhaupt nicht – überschneiden. Ob das der Fall ist, kann man mit den Formeln zur Berechnung kritischer Differenzen prüfen, die wir schon im Kapitel 2 eingeführt haben.

Bei Thorsten interessiert uns zum Beispiel die Frage, ob seine numerische Intelligenz tatsächlich besser ausgeprägt ist als seine verbalen Fähigkeiten. Dazu überlegen wir uns zuerst, welcher Reliabilitätskoeffizient für unsere konkreten Zwecke geeignet ist. Da lediglich eine Aussage über den momentanen Status getroffen werden soll, wählen wir die interne Konsistenz. Für sie lesen wir aus dem Manual des BIS-HB folgende Werte ab: Numerische Intelligenz $r_{tt} = .90$; verbale Intelligenz $r_{tt} = .95$. Auf der Suche nach der Interkorrelation der Skalen werden wir im Handbuch nicht fündig. Sie wurden uns aber von den Testautoren zur Verfügung gestellt (Tabelle 6). Daraus können wir die Interkorrelation zwischen numerischer und verbaler Intelligenz von $r = .74$ ablesen. Da wir es bei den Werten mit IQ-Norm-Werten zu tun haben, ergibt

Tabelle 6: Korrelationen der Skalen (IQ-Werte) des BIS-HB (N = 1328; mittlere Korrelation über alle Altersgruppen; B = Bearbeitungsgeschwindigkeit, M = Merkfähigkeit, E = Einfallsreichtum, K = Verarbeitungskapazität, F = figural-bildhafte I., N = numerische I., V = verbale I., AI = allgemeine Intelligenz)

	B	M	E_ux	E_u	K	F_ux	F_u	N	V_ux	V_u	AI_ux
M	.63	--									
E_ux	.63	.49	--								
E_u	.63	.48	.98	--							
K	.68	.62	.54	.51	--						
F_ux	.77	.71	.74	.72	.77	--					
F_u	.77	.71	.74	.73	.77	.99	--				
N	.79	.73	.69	.67	.82	.74	.74	--			
V_ux	.79	.71	.71	.68	.82	.73	.73	.74	--		
V_u	.79	.71	.72	.71	.81	.74	.74	.74	.99	--	
AI_ux	.86	.79	.78	.75	.89	.89	.89	.91	.91	.91	--
AI_u	.86	.79	.79	.77	.88	.90	.90	.91	.91	.91	1

Anmerkung: Alle Korrelationen sind auf dem Niveau von 0.01 (2-seitig) signifikant. Skalen mit Zusatz „_u" wurden auf der Grundlage der Auswertung der E-Aufgaben nur nach Ideenflüssigkeit (U-Modus) gebildet. Skalen mit Zusatz „_ux" wurden auf der Grundlage der Auswertung der E-Aufgaben nach dem U- und X-Modus (Ideenvielfalt) gebildet. Die Korrelation der Skalen wird im Handbuch des BIS-HB nicht berichtet, jedoch von den Autoren des Testhandbuches zur Verfügung gestellt.

Tabelle 7: Korrelationen der Wertpunktsummen für den Verbalteil, den Handlungsteil, den Gesamttest und die Index-Skalen des HAWIK-III (N = 1570; mittlere Korrelationen über alle Altersgruppen)

	2	3	4	5	6	7
Verbal-IQ	.64	.92	.98	.63	.70	.41
Handlungs-IQ	--	.89	.61	.97	.55	.66
Gesamt-IQ		--	.89	.87	.69	.58
Sprachver-ständnis			--	.61	.59	.38
Wahrneh-mungsor-ganisation				--	.52	.48
Unablenk-barkeit					--	.45
Arbeitsge-schwindig-keit						

sich automatisch ein Mittelwert von 100 und eine Standardabweichung von 15. Es ergeben sich also folgende Berechnungen:

- Äquivalenzhypothese: $D_{krit.intra} = 1.96 \cdot 15 \sqrt{2 - (.90 + .95)} = 11.4$
  Es kann damit angenommen werden, dass sich Thorstens gemessene numerische und verbale Intelligenz unterscheiden, da der gemessene Unterschied von 125-110 = 15 größer ist als die gerade errechnete kritische Differenz. Der Leistungsunterschied ist bei zweiseitiger Testung und einer Sicherheitswahrscheinlichkeit von 95 % also nicht auf den Messfehler zurückzuführen.

- Regressionshypothese: Zunächst korrigieren wir hier die gemessenen Werte zur Mitte hin. Wir schätzen also zunächst die wahren Werte. $X'_{V-IQ=110} = .95 \cdot 110 + 100 \cdot (1 - .95) = 109.25$ und $X'_{N-IQ=125} = .90 \cdot 125 + 100 \cdot (1 - .90) = 121.50$. Die Differenz der zur Mitte korrigierten Werte beträgt $X'_D = 109.25 - 121.50 = -12.25$, die kritische Differenz $D_{krit.intra} = 1.96 \cdot 15 \cdot \sqrt{1 - .74^2} = 19.77$. Nach dieser Berechnung muss man also schließen, dass der Unterschied zwischen Thorstens verbaler und numerischer Intelligenz noch im Normbe-

einzelnen Skalenwert (mit Ausnahme der Skala für die allgemeine Intelligenz) immer mit einem Fähigkeitskomplex zu tun hat, der sich aus der allgemeinen Intelligenz und der jeweiligen inhaltsgebundenen oder operativen Fähigkeit zusammensetzt (Brunner / Süß 2007). Die Aussage, dass spezifische Skalen einen Fähigkeits*komplex* widerspiegeln, gilt auch für viele andere Intelligenztests.

Das zuletzt Gesagte führt auch zur Frage, ob man bei IQ-Tests eher der Betrachtung des Gesamt-IQ (im Sinne von Spearmans g) oder der Betrachtung spezifischer Faktoren (im Sinne einer Profilinterpretation) den Vorzug geben sollte. Zur Beantwortung der Frage muss man den ausgewählten Test und die der Testung zugrunde liegende Fragestellung betrachten. So ist bei einer breiten Problemstellung wie „Soll Thorsten eine Klasse überspringen?" der Gesamt-IQ das aussagekräftigere Maß. Geht es aber beispielsweise darum, Thorsten bei der Wahl spezifischer Leistungskurse in der Oberstufe zu beraten, dann ist es sinnvoll, auf spezifischere Fähigkeiten zu achten. Generell sollte auf Seiten des Tests bzw. dessen Unterskalen natürlich immer die Validität für eine bestimmte Fragestellung nachgewiesen sein.

Anhang

Glossar

Cronbachs (Alpha): Hier: Maß für die Reliabilität eines psychometrischen Instruments; gibt an, inwieweit eine Gruppe von Test-Items als Messung einer einzelnen nicht beobachtbaren Variable angesehen werden kann; α kann Werte zwischen minus unendlich und 1 annehmen (nur positive Werte sind sinnvoll interpretierbar).

DIN 33430: Vom Deutschen Institut für Normung e. V. (DIN) festgelegte Norm mit „Anforderungen an Verfahren und deren Einsatz bei berufsbezogenen Eignungsbeurteilungen".

Erwartungswert: Hier: Beschreibt den Mittelwert einer theoretischen (nicht empirischen) Verteilung einer Zufallsvariable. Der E. einer Zufallsvariable ist jener Wert, der sich (i. d. R.) bei oftmaligem Wiederholen eines zugrunde liegenden Experiments als Mittelwert der Ergebnisse ergibt. Bei erwartungstreuen Schätzern ist er identisch mit dem Populationsmittelwert.

Faktorenanalyse: Statistisches Verfahren zur Datenreduzierung. Die FA versucht, von empirisch beobachtbaren *Korrelationen* verschiedener Variablen auf (wenige) zugrunde liegende Variablen („Faktoren") zu schließen, die die Korrelationen erklären können.

Korrelation: (Abk.: *r*); standardisiertes Zusammenhangsmaß, (gewöhnlich) zwischen zwei Variablen (z.B. x und y); variiert zwischen -1 (hohe Werte von x gehen mit niedrigen Werten von y einher) und +1 (hohe Werte von x gehen mit hohen Werten von y einher). Der Wert 0 beschreibt einen fehlenden Zusammenhang.

Metaanalyse: Statistisches Verfahren, mit dem die Ergebnisse mehrerer bereits durchgeführter Studien zu einer Forschungsfrage integriert werden können. Die Ergebnisse von verschiedenen Einzelstudien können so anhand eines Koeffizienten ausgedrückt werden.

Nomologisches Netzwerk: Aufgrund zugrunde liegender Theorien und empirischer Forschungsergebnisse können Beziehungen zwischen Konstrukten angegeben werden, die bereits nachgewiesen wurden, sowie Beziehungen, die theoretisch erwartet werden. Diese Beziehungen zusammengenommen spannen ein sogenanntes N. N. auf.

Normalverteilung: Wichtigste Verteilung der Statistik, hat einen glockenförmigen Verlauf, ist symmetrisch und nähert sich asymptotisch der x-Achse an. Sie ist durch Mittelwert und Streuung hinreichend definiert.

Normstichprobe: Stichprobe von Menschen, an der bestimmte statistische Kenngrößen eines Tests (z.B. Anzahl gelöster Aufgaben, Reliabilitätskoeffizienten) erhoben wurden.

Normen: Hier: Vergleichswerte, an denen man sich bei der Beurteilung einer Leistung orientiert. N. werden mithilfe einer Normstichprobe gewonnen.

Schwierigkeit: Hier: Beschreibt die Wahrscheinlichkeit der Lösung einer Testaufgabe: Schwierige Items lösen wenige, leichte Items werden von vielen gelöst.

Standardabweichung (Streuung): Wurzel aus der ↑ Varianz.

Trennschärfe: Statistisches Maß, welches angibt, wie gut ein Item „gute" Testpersonen (mit hohem Gesamttestwert) von „schlechten" Testpersonen (mit niedrigem Gesamttestwert) trennen kann; ↑ Korrelation zwischen Beantwortung eines Items und dem Gesamttestwert.

Varianz: Maß, welches beschreibt, wie weit die einzelnen Elemente (z. B. Personen, Merkmale) vom zentralen Mittelwert entfernt sind.

Literatur

Ackerman, P. L. (1996): A theory of adult intellectual development: Process, personality, interests knowledge. Intelligence 22, 227–257

–, **Heggestad, E. D. (1997):** Intelligence, personality and interests: Evidence for overlapping traits. Psychological Bulletin 121, 219–245

Amelang, M. (1995): Intelligenz. In: Amelang, M. (Hrsg.): Enzyklopädie der Psychologie, Themenbereich C: Theorie und Forschung, Serie VIII: Differentielle Psychologie und Persönlichkeitsforschung. Band 2: Verhaltens- und Leistungsunterschiede. Hogrefe, Göttingen, 245–328

–, **Bartussek, D. (2001):** Differentielle Psychologie und Persönlichkeitsforschung. 5. Aufl. Kohlhammer, Stuttgart

–, **Bartussek, D., Stemmler, G., Hagemann, D. (Hrsg.) (2006):** Differentielle Psychologie und Persönlichkeitsforschung. 6. Aufl. Kohlhammer, Stuttgart

–, **Zielinski, W. (2004):** Psychologische Diagnostik und Intervention. 3. Aufl. unter Mitarbeit von T. Fydrich und H. Moosbrugger. Springer, Berlin

Anderson, M. (Ed.) (1999): The development of intelligence. Psychology Press, Hove, UK

Asendorpf, J. B. (2004): Psychologie der Persönlichkeit. 3. Aufl. Springer, Berlin

– **(2007):** Psychologie der Persönlichkeit. 4. Aufl. Springer, Berlin

Aster von, M., Neubauer A., Horn, R. (2006): Wechsler-Intelligenztest für Erwachsene (WIE). Frankfurt. Harcourt Test Services

Benson, E. (2003): Intelligent intelligence testing. APA Monitor on Psychology 34, 48–54

Berg, C. A. (2000): Intellectual development in adulthood. In: Sternberg, R. J. (Ed.): Handbook of intelligence. Cambridge University Press, Cambridge MA, 117–137

Borkenau, P. (1993): Anlage und Umwelt. Eine Einführung in die Verhaltensgenetik. Hogrefe, Göttingen

Brähler, E., Holling, H., Leutner, D., Petermann, F. (Hrsg.) (2002): Brickenkamp Handbuch psychologischer und pädagogischer Tests. 3. Aufl. Hogrefe, Göttingen

Brocke, B., Beauducel, A. (2001): Intelligenz als Konstrukt. In: Stern, E., Guthke, J. (Hrsg.): Perspektiven der Intelligenzforschung. Pabst Science Publishers, Lengerich, 13–42

Brody, N. (1992): Intelligence. 2nd ed. Academic Press, San Diego CA

Brunner, M., Süß, H.-M. (2007): Wie genau können kognitive Fähigkeiten gemessen werden? Die Unterscheidung von Gesamt- und Konstruktreliabilitäten in der Intelligenzdiagnostik für den Berliner Intelligenzstrukturtest. Diagnostica 53, 184–193.

Bühner, M. (2006): Einführung in die Test- und Fragebogenkonstruktion. 2. Aufl. Pearson Studium, München

Campbell, D. T., Fiske, D. W. (1959): Convergent and discriminant validation by the multitrait-multimethod matrix. Psychological Bulletin 56, 81–105

Carroll, J. B. (1993): Human cognitive abilities: A survey of factor-analytic studies. Cambridge University Press, Cambridge MA

Cattell, R. B. (1963): Theory of fluid and crystallized intelligence: A critical experiment. Journal of Educational Psychology 54, 1–22

Chen, Z., Siegler, R. S. (2000): Intellectual development in childhood. In: Sternberg, R. J. (Ed.): Handbook of intelligence. Cambridge University Press, Cambridge MA, 92–116

Conley, J. J. (1984): The hierarchy of consistency: A review and model of longitudinal findings on adult individual differences in intelligence, personality, and self opinion. Personality and Individual Differences 5, 11–25

Conrad, W. (1995): Diagnostik als Messung. In: Jäger, R. S., Petermann, F. (Hrsg.): Psychologische Diagnostik. Ein Lehrbuch. 3. Aufl. Beltz, Weinheim, 245–256

Crawford, M., Herrmann, D. J., Holdsworth, M., Randall, E. Robbins, D. (1989): Gender and beliefs about memory. British Journal of Psychology 80, 391–401

Dixon, R. A., Kramer, D. A., Baltes, P. B. (1985): Intelligence: A life-span developmental perspective. In: Wolman, B. B. (Ed.): Handbook of intelligence: Theories, measurements, and applications. Wiley, New York, 301–350

Fisseni, H.-J. (1997): Lehrbuch der psychologischen Diagnostik. Mit Hinweisen zur Intervention. 2. Aufl. Hogrefe, Göttingen

Flynn, J. R. (1987): Massiv IQ gains in 14 nations: What IQ tests really measure. Psychological Bulletin 101, 171–191

Ghisletta, P., Lindenberger, U. (2004): Static and dynamic longitudinal structural analyses of cognitive changes in old age. Gerontology 50, 12–16

Grubitzsch, S. (1999): Testtheorie - Testpraxis: Psychologische Tests und Prüfverfahren im kritischen Überblick. 2. Aufl. der vollständig überarbeiteten und erweiterten Neuausgabe. Klotz, Eschborn bei Frankfurt a. M.

Guilford, J. P. (1946): New standards for test evaluation. Educational and Psychological Measurement 6, 427–439 (zitiert nach Michel/Conrad 1982)

Haier, R. J. (1990): The end of intelligence research. Intelligence 14, 371–374 (zitiert nach Amelang 1995)

Halpern, D. F. (2000): Sex Differences in cognitive abilities. (2nd edition). Lawrence Erlbaum Publishers, Hillsdale NJ

Heinbokel, A. (1996): Überspringen von Klassen. Münster.

Heller, K. A. (2000): Lehrbuch Begabungsdiagnostik in der Schul- und Erziehungsberatung. 2. Aufl. Huber, Bern

Herrnstein, R. J., Murray, C. (1994): The bell curve: Intelligence and class structure in american life. Free Press, New York

Hofstätter, P. R. (1957): Psychologie. Fischer-Lexikon, Frankfurt a. M.

Holling, H., Liepmann, D. (2003): Personalentwicklung. In: Schuler, H. (Hrsg.): Lehrbuch Organisationspsychologie. 3. Aufl. Huber, Bern

–, **Preckel, F., Vock, M. (2004):** Intelligenzdiagnostik. Hogrefe, Göttingen

Horn, J. L., Cattell, R. B. (1966): Refinement and test of the theory of fluid and crystallized general intelligence. Journal of Educational Psychology 57, 253–270

Huber, H. P. (1973): Psychometrische Einzelfalldiagnostik. Beltz, Weinheim

Hülsheger, U. R., Maier, G. W. (2008): Persönlichkeitseigenschaften, Intelligenz und Erfolg im Beruf: Eine Bestandsaufnahme internationaler und nationaler Befunde. Psychologische Rundschau 59, 108–122

–, **Maier, G. W., Stumpp, T. (2007):** Validity of general mental ability for the prediction of job performance and training success in Germany: A meta-analyses. International Journal of Selection and Assessment 15, 3–18 (zitiert nach Hülsheger / Maier 2008)

Hyde, J. S., Linn, M. C. (1988): Gender differences in verbal ability: A meta-analysis. Psychological Bulletin 104, 53–69

–, **Fennema, E., Lamon, S. J. (1990):** Gender differences in mathematics performance: A meta-analysis. Psychological Bulletin 107, 139–155

Jäger, A. O. (1982): Mehrmodale Klassifikation von Intelligenzleistungen: Experimentell kontrollierte Weiterentwicklung eines deskriptiven Intelligenzstrukturmodells. Diagnostica 18, 195–225

– **(1984):** Intelligenzstrukturforschung: Konkurrierende Modelle, neue Entwicklungen, Perspektiven. Psychologische Rundschau 35, 21–35

–, **Holling, H., Preckel, F., Schulze, R., Vock, M., Süß, H.-M., Beauducel, A. (2006):** Berliner Intelligenzstruktur-Test für Jugendliche: Begabungs- und Hochbegabungsdiagnostik (BIS-HB). Hogrefe, Göttingen

–, **Süß, H.-M., Beauducel, A. (1997):** Berliner Intelligenzstruktur-Test. BIS-Test Form 4. Handanweisung. Hogrefe, Göttingen

Jensen, A. R. (1983): The definition of intelligence and factor score indeterminacy. Behavioral and Brain Science 6, 313–315

– **(1994):** Spearman, Charles Edward. In: Sternberg, R.J. (Ed.): Encyclopedia of intelligence. Vol. 1. Macmillan, New York, 1007–1014

– **(1998):** The g factor: The science of mental ability, human evolution, behavior and intelligence. Praeger, Westport

Kaufman, A. S., Lichtenberger, E. O.(2006): Assessing adolescent and adult intelligence. 3rd ed. Wiley + Sons, Hoboken, NJ

Krampen, G. (**1998**): Mehrdimensionale Intelligenzdiagnostik mit dem „Berliner Intelligenzstruktur-Test" (BIS-Test, Form 4). Report Psychologie 9, 750–757

Kubinger, K. D. (**2003**): Gütekriterien. In: Kubinger, K. D., Jäger, R. S. (Hrsg.): Schlüsselbegriffe der Psychologischen Diagnostik. Beltz, Weinheim, 195–204

– (**2006**): Psychologische Diagnostik. Theorie und Praxis psychologischen Diagnostizierens. Hogrefe, Göttingen

–, **Proyer, R.** (**2005a**): Gütekriterien. In: Westhoff, K., Hellfritsch, L. J., Hornke, L. F., Kubinger, K. D., Lang, F., Moosbrugger, H., Püschel, A., Reimann, G. (Hrsg.): Testkuratorium der Föderation Deutscher Psychologenvereinigungen. Grundwissen für die berufsbezogene Eignungsbeurteilung nach DIN 33430. 2. Aufl. Pabst Science Publishers, Lengerich, 191–199

–, **Wurst, E.** (**2000**): Adaptives Intelligenz Diagnostikum 2 (AID 2). Beltz, Göttingen

Lienert, G. A. (**1969**): Testaufbau und Testanalyse. 3. Aufl. Beltz, Weinheim

–, **Raatz, U.** (**1998**): Testaufbau und Testanalyse. 6. Aufl. Psychologie Verlags Union, Beltz, Weinheim

Liepmann, D., Beauducel, A., Brocke, B., Amthauer, R. (**2007**): Intelligenz-Struktur-Test 2000 R. 2. Aufl., Hogrefe, Göttingen

Lindenberger, U. (**2000**): Intellektuelle Entwicklung über die Lebensspanne: Überblick und ausgewählte Forschungsbrennpunkte. Psychologische Rundschau 51, 135–145

Lövdén, M., Lindenberger, U. (**2005**): Development of intellectual abilities in old age. In: Wilhelm, O., Engle, R. W. (Eds.): Handbook of understanding and measuring intelligence. Sage, Thousand Oaks CA, 203–221

Lubinski, D., Webb, R. M., Morelock, M. J., Benbow, C. P. (**2001**): Top 1 in 10,000: A 10-year follow-up of the profoundly gifted. Journal of Applied Psychology 86, 718–729

Mackintosh, N. J. (**1998**): IQ and human intelligence. Oxford University Press, Oxford

Maltby, J., Day, L., Macaskill, A. (**2007**): Personality, individual differences and intelligence. Person Education, Harlow, England

Maluck, A., Melchers, P. (**1998**): Kaufman Assessment Battery for Children. Differenzierende Beurteilung der intellektuellen (Teil)leistungsfähigkeit geistig behinderter Erwachsener. Der Nervenarzt 69, 1007–1014

Melchers, P., Preuß, U. (**1994**): Kaufman Assessment Battery for Children: K-ABC. Swets & Zeitlinger, Frankfurt / Main

–, **Schürmann, S., Scholten, S.** (**2006**): K-TIM. Kaufman-Test zur Intelligenzmessung für Jugendliche und Erwachsene. Hogrefe, Göttingen

Michel, L., Conrad, W. (**1982**): Theoretische Grundlagen psychometrischer Tests. In: Groffmann, K. J., Michel, L. (Hrsg.): Enzyklopädie der Psychologie, Themenbereich B: Methodologie und Methoden, Serie II: Psychologische Diagnostik. Band 1: Grundlagen psychologischer Diagnostik. Hogrefe, Göttingen, 1–129

Moosbrugger, H., Rauch, W. (**2005a**): Klassische Testtheorie. In: Westhoff, K., Hellfritsch, L. J., Hornke, L. F., Kubinger, K. D., Lang, F., Moosbrugger, H.,

Püschel, A., Reimann, G. (Hrsg.): Testkuratorium der Föderation Deutscher Psychologenvereinigungen. Grundwissen für die berufsbezogene Eignungsbeurteilung nach DIN 33430. 2. Aufl. Pabst Science Publisher, Lengerich, 182–186

–, Rauch, W. (2005b): Konstruktionsgrundlagen von Verfahren der Eignungsbeurteilung. In: Westhoff, K., Hellfritsch, L. J., Hornke, L. F., Kubinger, K. D., Lang, F., Moosbrugger, H., Püschel, A., Reimann, G. (Hrsg.): Testkuratorium der Föderation Deutscher Psychologenvereinigungen. Grundwissen für die berufsbezogene Eignungsbeurteilung nach DIN 33430. 2. Aufl. Pabst Science Publishers, Lengerich, 200–208

Mortensen, E. L., Kleven, M. (1993): A WAIS longitudinal study of cognitive development during the life span from ages 50 to 70. Developmental Neuropsychology 9, 115–130

Neisser, U., Boodoo, G., Bouchard Jr., T. J., Boykin, A. W., Ceci, S. J., Halpern, D. F., Loehlin, J. C., Perloff, R., Sternberg, R. J., Urbina, S. (1996): Intelligence: Knows and unknowns. American Psychologist 51, 77–101

Oerter, R., Montada, L. (Hrsg.) (2002): Entwicklungspsychologie. 5. Aufl. Beltz, Weinheim

Ones, D. S., Viswesvaran, C., Dilchert, S. (2004): Cognitive ability in selection decisions. In: Wilhelm, O., Engle, R. (Eds.): Handbook of understanding and measuring intelligence. Sage Publications, Thousand Oaks, CA, 431–468

Petermann, F., Petermann, U. (Hrsg.) (2007): Hamburg-Wechsler-Intelligenztest für Kinder-IV (HAWIK IV). Hogrefe, Göttingen

Piaget, J., Inhelder, B. (1971): Die Entwicklung des räumlichen Denkens beim Kinde. Klett, Stuttgart

Plomin, R., DeFries, J. C., Loehlin, J. C. (1977): Genotype-environment interaction and correlation in the analysis of human behavior. Psychological Bulletin 84, 309–322

–, DeFries, J. C., McClearn, G. E., Rutter, M. (1999): Gene, Umwelt und Verhalten. Einführung in die Verhaltensgenetik. Hans Huber, Bern

Preckel, F. (2003): Diagnostik intellektueller Hochbegabung. Testentwicklung zur Erfassung der fluiden Intelligenz. Hogrefe, Göttingen

Raven, J. C. (1936): Standard Progressive Matrices, Sets A, B, C, D, E. Lewis, London
– (1947): Coloured Progressive Matrices, Sets A, AB, B. Lewis, London
– (1962): Advanced Progressive Matrices Set II. Lewis, London
– (1998): Standard Progressive Matrices Set A, B, C, D, E. Beltz, Göttingen
–, Raven, J., Court, J. H. (1998): Advanced Progressive Matrices und Vocabulary Scales. Swets, Frankfurt / Main
–, Raven, J., Court, J. H. (2002): Coloured Progressive Matrices und Vocabulary Scales. Swets, Frankfurt / Main

Ricken, G., Fritz, A., Schuck K.-D., Preuß U. (2007): Hannover-Wechsler-Intelligenztest für das Vorschulalter-III (HAWIVA III). Huber, Bern

Rösing, I. (2004): Intelligenz und Dummheit. Wissenschaftliche Konzepte, Alltagskonzepte, Fremdkulturelle Konzepte. Ein Werk- und Denkbuch. Asanger, Heidelberg

Rost, J. (2004): Lehrbuch Testtheorie – Testkonstruktion. 2. Aufl. Huber, Bern

Saklofske, D., Zeidner, M. (Eds.) (1995): International handbook of personality and intelligence. Plenum Press, New York

Salas, E., Cannon-Bowers, J. A. (2001): The sciences of training: A decade of progress. Annual Review of Psychology 52, 471–499

Salgado, J. F., Anderson, N., Moscoso, S., Berta, C., de Fruyt, F., Rolland, J. P. (2003): A meta-analytic study of general mental ability validation for different occupations in the European Community. Journal of Applied Psychology 88, 1068–1081

Schaie, K. W. (1991): Intelligenz. In: Oswald, W. D., Herrmann, W. M., Kanowski, S., Lehr, U. M., Thomae, H. (Hrsg.): Gerontologie. Medizinische, psychologische und sozialwissenschaftliche Grundbegriffe. Kohlhammer, Stuttgart, 269–283

–, **Hertzog, C. (1986):** Toward a comprehensive model of adult intellectual development: Contributions of the Seattle Longitudinal Study. In: Sternberg, R. J. (Ed.): Advances in the psychology of human intelligence. Vol. 3. Erlbaum, Hillsdale NJ, 79–118

Schermelleh-Engel, K., Schweizer, K. (2003): Diskriminante Validität. In: Kubinger, K. D., Jäger, R. S. (Hrsg.): Schlüsselbegriffe der Psychologischen Diagnostik. Beltz, Weinheim, 103–110

Schmidt, F. L., Hunter, J. E. (1998): Messbare Personenmerkmale: Stabilität, Variabilität und Validität zur Vorhersage zukünftiger Berufsleistung und berufsbezogenen Lernens In: Kleinmann, M., Strauß, B. (Hrsg.): Potentialfeststellung und Personalentwicklung. Hogrefe, Göttingen, 15–43

Schneider, W., Bullock, M., Sodian, B. (1998): Die Entwicklung des Denkens und der Intelligenzunterschiede zwischen Kindern. In: Weinert, F. E. (Hrsg.): Entwicklung im Kindesalter. Psychologie Verlags Union, Weinheim, 53–74

Schuler, H., Höft, S. (2004): Diagnose beruflicher Eignung und Leistung. In: Schuler, H. (Hrsg.): Organisationspsychologie. 3. Aufl. Hans Huber, Bern, 289–343

Spearman, C. (1904): "General intelligence", objectively determined and measured. American Journal of Psychology 15, 201–293

Stern, E., Guthke, J. (Hrsg.) (2001): Perspektiven der Intelligenzforschung. Pabst Science Publishers, Lengerich

Stern, W. (1950): Allgemeine Psychologie auf personalistischer Grundlage. Mouton, Den Haag

Sternberg, R. J. (1985): Implicit theories of intelligence, creativity, and wisdom. Journal of Personality and Social Psychology 49, 607–627

– **(2000):** Handbook of intelligence. Cambridge University Press, Cambrige

–, **Grigorenko, E. L., Kidd, K. K. (2005):** Intelligence, race, and genetics. American Psychologist 60, 46–59

–, **Ruzgis, P. (1994):** Personality and intelligence. Cambridge University Press, Cambridge

Steyer, R., Eid, M. (1993): Messen und Testen. Springer, Berlin

Stricker, L. J., Rock, D. A., Burton, N. W. (1993): Sex differences in predictions of college grades from scholastic aptitude scores. Journal of Educational Psychology 85, 710–718

Tewes, U., Rossmann, P., Schallberger, U. (2000): Hamburg-Wechsler-Intelligenz-Test für Kinder. 3. Aufl. (HAWIK-III). Huber, Bern

Thurstone, L. L. (1940): Current issues in factor analysis. Psychological Bulletin 37, 189–236

Titze, I., Tewes, U. (1994): Messung der Intelligenz bei Kindern mit dem HAWIK-R. Huber, Bern

Trautner, H. M. (2003): Allgemeine Entwicklungspsychologie. 2. überarbeitete und erweiterte Version. Kohlhammer, Stuttgart

Vock, M., Preckel, F., Holling, H. (2007): Förderung Hochbegabter in der Schule: Evaluationsbefunde und Wirksamkeit von Maßnahmen. Hogrefe, Göttingen

Wechsler, D. (1950): Cognitive, conative, and nonintellective intelligence. American Psychologist 5, 78–83

Weinert, F. E. (Hrsg.) (1996): Psychologie des Lernens und der Instruktion. Hogrefe, Göttingen

Weiß, R. H. (2006): CFT 20-R. Grundintelligenztest Skala 2 – Revision. Manual. Hogrefe, Göttingen

Wenzl, A. (1957): Theorie der Begabung. Entwurf einer Intelligenzkunde. 2. Aufl. Quelle & Meyer, Heidelberg

Westhoff, K. (2005): Die Eignungsbeurteilung. In: Westhoff, K., Hellfritsch, L. J., Hornke, L. F., Kubinger, K. D., Lang, F., Moosbrugger, H., Püschel, A., Reimann. G. (Hrsg.): Testkuratorium der Föderation Deutscher Psychologenvereinigungen. Grundwissen für die berufsbezogene Eignungsbeurteilung nach DIN 33430. 2. Aufl. Pabst Science Publishers, Lengerich, 209–215

–, **Hellfritsch, L. J., Hornke, L. F., Kubinger, K. D., Lang, F., Moosbrugger, H., Püschel, A., Reimann G. (Hrsg.) (2005):** Testkuratorium der Föderation Deutscher Psychologenvereinigungen. Grundwissen für die berufsbezogene Eignungsbeurteilung nach DIN 33430. 2. Aufl. Pabst Science Publishers, Lengerich

–, **Kluck, M.-L. (2003):** Psychologische Gutachten. Schreiben und beurteilen. 4. Aufl. Springer, Heidelberg

Wilson, R. S. (1983): The Louisville twin study: Developmental synchronies in behavior. Child Development 54, 298–316

– **(1986):** Continuity and change in cognitive ability profile. Behavior Genetics 16, 45–60

Wissler, C. (1901): The correlation of mental and physical tests. Psychological Review Monograph Supplement 3, 6

Zeidner, M., Matthews, G. (2000): ntelligence and personality. In: Sternberg, R. J. (Ed.): Handbook of intelligence. Cambridge University Press, Cambridge, UK, 581–610

Zimbardo, P. G. (2004): Does Psychology Make a Significant Difference in Our Lives? American Psychologist 59, 339–351

Sachregister

Zukunftsfeld Elementarpädagogik

Fröhlich-Gildhoff
Nentwig-Gesemann
Schnadt (Hg.)

Neue Wege gehen –
Entwicklungsfelder der
Frühpädagogik

reinhardt

2007. 159 Seiten. 7 Abb. 4 Tab.
(978-3-497-01951-9) kt

Der Bildungsauftrag spielt in der Kinderbetreuung
eine zunehmend wichtige Rolle. Die AutorInnen

- sprechen aktuelle Fragen der Erziehung und
  Bildung an, z.B. Resilienz und Hochbegabung
- skizzieren Felder der frühpädagogischen Ausbildung und Praxis, z.B. naturwissenschaftliche
  Bildung sowie Elternarbeit,
- bieten LeserInnen Orientierung, z.B. in Sachen
  Qualitätsentwicklung

www.reinhardt-verlag.de

Begabung, Leistung und Intelligenz

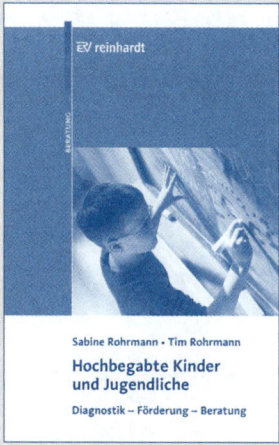

2005. 242 Seiten. 13 Abb. 3 Tab.
(978-3-497-01786-7) kt

Dieser Praxisleitfaden zeigt, wie man Kinder und Jugendliche mit besonderen Begabungen unterstützen kann:

- Solide, differenzierte Diagnostik, die den ganzen Menschen in den Blick nimmt.
- Strategien für Förderung und Begleitung, die begabten Kindern und Jugendlichen helfen, ihre Potentiale voll zu entfalten.
- Fallbeispiele vom Kindergarten über die Schule bis hin zu Studien- und Berufswahl, die zeigen, worauf es bei Diagnostik und Förderung in der Praxis ankommt.

www.reinhardt-verlag.de

Lernfähigkeit, Lernleistung, Lernstörung

3., völlig neu bearb. und erw. Aufl. 2002.
325 Seiten. 38 Abb. 8 Tab. UTB-M (978-3-8252-1305-3) kt

In der langen Tradition der Lernpsychologie wurden verschiedenste Arten des Lernens untersucht: die Konditionierung einer Reaktion auf einen bestimmten Reiz, soziales Lernen durch Nachahmung eines Modells, Vergessen und Erinnern von sprachlichem Material bis hin zu bewusstem und unbewusstem Wissenserwerb. Dieses Buch gibt einen anschaulichen Überblick über psychologische Theorien des Lernens. Die Autoren erläutern traditionelle und moderne Ansätze, die empirisch und experimentell belegt werden. Der didaktische Aufbau mit Marginalienspalte hilft bei der schnellen Orientierung im Text.

www.reinhardt-verlag.de

Bildungsinstitutionen auf dem Prüfstand

2006. 355 Seiten. 2 Abb. 9 Tab.
(978-3-497-01846-8) kt

Wie kann der traditionelle Bildungsbegriff erweitert werden? Wie lässt sich außerschulische und schulische Bildung zusammendenken? Wie können ungleiche Bildungszugänge abgebaut werden? Liegt die Zukunft der Bildung in der Ganztagsschule?
Antworten hierauf führen zu prinzipiellen Herausforderungen für die Erziehungswissenschaft und weitreichende Konsequenzen für die Bildungspolitik. Ein aktuelles Buch zu einer verkürzt geführten Debatte.

www.reinhardt-verlag.de